Teoria e Prática

Transformar Comunidades

Série Da Reflexão à Ação

David Anderson Hooker

TRANSFORMAR COMUNIDADES
Uma abordagem prática
e positiva ao diálogo

Tradução:
Luís Fernando Bravo de Barros

Palas Athena

Título original: *The Little Book of Transformative Community Conferencing: A Hopeful, Practical Approach to Dialogue*
Copyright © 2016 by Dr. David Anderson Hooker

Grafia segundo o Acordo Ortográfico da Língua Portuguesa de 1990, que entrou em vigor no Brasil em 2009.

Coordenação editorial: Lia Diskin
Preparação de originais: Eloisa da Riva Moura e Tônia Van Acker
Revisão: Rejane Moura
Capa e Projeto gráfico: Vera Rosenthal
Arte final: Jonas Gonçalves
Produção e Diagramação: Tony Rodrigues

Dados Internacionais de Catalogação na Publicação (CIP)
(Câmara Brasileira do Livro, SP, Brasil)

Hooker, David Anderson
　　Transformar comunidades : uma abordagem prática e positiva ao diálogo / David Anderson Hooker; tradução de Luís Fernando Bravo de Barros. – São Paulo: Palas Athena, 2019.

Título original: The Little Book of Transformative Community Conferencing: A Hopeful, Practical Approach to Dialogue

ISBN 978-85-60804-40-5

1. Administração de conflitos 2. Desenvolvimento comunitário 3. Desenvolvimento organizacional I. Título.

18-22111	CDD-307.14

Índices para catálogo sistemático:
1. Comunidades: Desenvolvimento: Sociologia   307.14

1ª edição, fevereiro de 2019

Todos os direitos reservados e protegidos
pela Lei 9610 de 19 de fevereiro de 1998.

É proibida a reprodução total ou parcial, por quaisquer meios, sem a autorização prévia, por escrito, da Editora.

Direitos adquiridos para a língua portuguesa por Palas Athena Editora
Alameda Lorena, 355 – Jardim Paulista
01424-001– São Paulo, SP – Brasil
Fone (11) 3050-6188
www.palasathena.org.br
editora@palasathena.org.br

CONTEÚDO

1. **VISÃO GERAL** 5
   Qual é a história?.. 8
   Sobre este livro.. 10
   Rumo a comunidades curadas e reconciliadas............ 14
   Estrutura do livro.. 14

2. **PALAVRAS SÃO IMPORTANTES – GLOSSÁRIO DE TERMOS USADOS NO LIVRO** 17
   Narrativa... 18
   História-problema... 19
   Narrativas dominantes e preferidas 20
   Performativo.. 21
   Traumatogênico... 22
   Coordenador.. 24
   Facilitador... 24
   Problemática... 25
   Reconciliação.. 26

3. **O QUE SÃO CONFERÊNCIAS COMUNITÁRIAS TRANSFORMATIVAS – CCT?** 29
   Qualidades das Conferências Comunitárias Transformativas 29
   CCT não é o mesmo que diálogo........................... 42

4. Esboço do modelo de Conferência Comunitária Transformativa – Modelo CCT 45
   Uma palavra sobre os participantes 46
   Passos básicos do modelo 48

5. O modelo CCT – Parte 1: Mapear narrativas 51
   Diálogo-ensaio 51
   1. Mapeamento de narrativas comunitárias/
   organizacionais – continua na Parte 2 54
      1.1. Externalização de conversas: explicitar as
      principais problemáticas 54
      1.2. Mapeando os impactos das problemáticas
      em todas as esferas da vida......................... 65
      1.3. Sumarizando os impactos das narrativas
      dominantes 69
      1.4. Mapeamento reverso: identificando desfechos
      específicos como base para uma história alternativa 72
      1.5. Comparando narrativas dominantes e alternativas .. 73

6. O modelo CCT – Parte 2: Do mapeamento
   ao planejamento da ação 75
   2. Escolha das narrativas preferidas dos participantes.. 75
   3. Construindo uma estratégia de transformação....... 77
   Sumário de um processo de CCT 80

7. **HABILIDADES DO FACILITADOR DE CONFERÊNCIA COMUNITÁRIA TRANSFORMATIVA** 83
   Engajamento facilitado 83
   1. Reflexão desconstrutiva 84
   2. Escuta dupla 87
   3. Nomear ideias ausentes, porém implícitas 89
   Como um facilitador escuta, identifica e
   reelabora uma história alternativa 91

8. **CONFERÊNCIA COMUNITÁRIA TRANSFORMATIVA EM AÇÃO** 95
   Violência racial em Greensboro, Carolina do Norte 95
   Comunidade em busca de transformação:
   Newtown, Gainesville, Geórgia 105
   Algumas adaptações dos métodos de CCT
   para trabalhar com organizações 110

9. **E AGORA? – CONCLUSÃO** 115

   Notas 119
   Sobre o autor 122

1
VISÃO GERAL

Greensboro, na Carolina do Norte, é uma cidade de médio porte no sul dos Estados Unidos marcada por cisões raciais e de classe ao longo da história. Por vezes, essas cisões impuseram movimentos violentos de separação entre os diferentes grupos. É, também, uma cidade com uma tradição centenária de esforços por inclusão e desenvolvimento econômico – uma história ofuscada por episódios antigos e recentes de violência de raça e de classe. A cidade tem se caracterizado por oportunidades limitadas para a prática efetiva de diálogos em torno dessas difíceis questões. Nesse sentido, um comprometimento contraproducente por civilidade resulta em conversas cordiais sobre assuntos de pouca importância, afastando mais ainda as pessoas que desejam um diálogo mais aprofundado.

Em 2013 um grupo de moradores de Greensboro transpuseram as barreiras de raça, de classe, de nacionalidade e geográficas para participar de uma espécie de conversa chamada **Conferência Comunitária Transformativa – CCT.*** Os resultados foram encorajadores: essas pessoas criaram uma narrativa comum à comunidade que levou em consideração os diversos impactos que os aspectos de raça, etnia, classe, nacionalidade, gênero, sexualidade e emprego impunham à

---

* Ao longo deste livro, em algumas ocasiões utilizamos apenas a forma abreviada de Conferência Comunitária Transformativa, CCT. [N. do E.]

sua vida cotidiana. Puderam reconhecer e especificamente nomear os padrões sistêmicos e relacionais que perpetuavam desigualdades e alimentavam violência (*i.e.*, a separação racial que definia a comunidade proporcionava uma sensação de desconhecimento e insegurança que, por sua vez, resultava no paulatino aumento da vigilância policial). Elas também puderam nomear atividades positivas, ainda que menos reconhecidas, e laços relacionais que apontavam para uma comunidade mais esperançosa (*i.e.*, a prática de diálogos informais entre policiais e moradores sem documentação acolhidos por uma organização da sociedade civil local). Por fim, elas vislumbraram uma cidade diferente baseada numa história mais abrangente e inclusiva. Consequentemente, os resultados da Conferência Comunitária Transformativa se tornaram a base de esforços para reestruturar relações polícia/comunidade, explorar novas abordagens de desenvolvimento econômico, e envolver o governo local, comerciantes e faculdades no acolhimento de moradores imigrantes e sem documentos comprobatórios de cidadania. O grupo escolheu para si o nome Greensboro Counter Stories Project [Projeto do Balcão de Histórias de Greensboro]. Embora exista muito ainda por fazer, a abordagem CCT oferece uma estrutura para identificar e lidar com questões difíceis de modo mais positivo.

Em **Gainesville, na Geórgia**, um grupo de mulheres afro-americanas mais velhas formou o Newtown Florist Club para chamar atenção aos excessivos índices de mortalidade e de doença resultantes da poluição industrial que afetava as pessoas de todas as idades vivendo na comunidade. A história delas era importante e tocante. Elas obtiveram muitas vitórias, algumas menores outras maiores. Mesmo assim, durante os primeiros vinte anos da organização, a **história-problema** delas – a forma como as pessoas eram desrespeitadas pela indústria que ali operava e desconsideradas pelo governo local – era percebida como de pouca importância, restrita aos interesses da população pobre, negra e parda daquele pequeno bairro. Como resultado disso, não conseguiam a adesão de outros grupos à sua pauta. A promoção de conversas com diversos outros grupos comunitários, nos moldes de uma Conferência Comunitária Transformativa, motivou o início de uma coalizão multirracial interclasses baseada em narrativas mais abrangentes e inclusivas. A CCT contribuiu com a causa delas.

Em **Decatur, na Geórgia**, uma organização sem fins lucrativos, com número pequeno de funcionários mas de abrangência nacional, chamada Hometown enfrentava desafios internos sobre como honrar seus valores institucionais. A tensão dividiu os funcionários, promovendo rancor e animosidade pessoal. A organização corria o risco de perder os funcionários mais experientes e dedicados. Um plano estratégico, iniciado com a estrutura da Conferência Comunitária Transformativa, lhes permitiu:

a) humanizar cada um – as pessoas não eram o problema;
b) identificar os problemas – resultados de um plano de ação incoerente;
c) estabelecer confiança – necessária para a promoção de mudanças estruturais substanciais.

Muitas comunidades e organizações que experimentam fragmentação têm utilizado práticas de justiça restaurativa para lidar com a marginalização fundada em categorizações de raça, etnia, religião, nacionalidade e orientação sexual. Frequentemente as comunidades tentam de tudo para resolver conflitos e violência, desde hospedagem inter-racial e diálogo, até imersão cultural, treinamento sistêmico em análise de relações de poder com base em raça, ou o reconhecimento de preconceitos implícitos. Em Greensboro foram experimentados inúmeros métodos, inclusive a implementação da primeira comissão de verdade e reconciliação no território estadunidense. Ainda que cada um desses esforços contribua, em alguma medida, para a inclusão, a igualdade e a justiça, os desfechos são parecidos: divisão, polarização, desconfiança, ressentimento, frustração e distanciamento. Alguns se perguntam: "Estamos condenados a uma vida de divisões e desigualdade?" A Conferência Comunitária Transformativa é uma abordagem de engajamento comunitário e de mudança que depende de certos princípios primordiais à maioria das abordagens de justiça restaurativa, como procedimentos inclusivos e avaliação abrangente de ofensas em curso. O modelo CCT vai além de práticas restaurativas tradicionais, uma vez que usufrui do potencial de relatos narrativos para conectar experiências individuais de ofensas atuais às suas origens sistêmicas e estruturais, e às narrativas e discursos sociais que oferecem significado e legitimação a tais sistemas e estruturas.

QUAL É A HISTÓRIA?

Hoje a **história** e o **poder da narrativa** são reconhecidos como aspectos significativos para a transformação de conflitos, muito mais do que se imaginava. As pessoas dão significado às suas vidas e estruturam seus relacionamentos e aspirações na forma de histórias. Os eventos e as observações na vida das pessoas são (re)significados a partir de histórias completamente novas ou de histórias em curso. As histórias que contamos se conformam, em geral, a padrões de grandes narrativas. Toda narrativa possui um contexto, uma

> As pessoas dão significado às suas vidas na forma de histórias.

trama, personagens, conflitos e temas. O processo de enquadrar todas as observações e descrições dentro de uma narrativa particular determina quais são os comportamentos, emoções e expectativas adequados. O modelo da Conferência Comunitária Transformativa se beneficia do impacto causado pelas narrativas e histórias na vida de determinada comunidade. A CCT proporciona ambientes de reunião nos quais as pessoas podem superar desavenças anteriores para lidar com questões difíceis, imaginar, planejar e trabalhar em prol de uma comunidade baseada em relacionamentos e na alocação dos recursos humanos para, assim, criar estruturas que se alinhem com a narrativa escolhida.

Da mesma forma como influenciam indivíduos, as narrativas também guiam os comportamentos e as emoções nas organizações ao proporcionarem significado a estruturas e relacionamentos. Nas organizações nos relacionamos com as outras pessoas dentro da estrutura de narrativas. Passamos significados a novos membros da nossa organização por intermédio de histórias contadas a partir da estrutura narrativa de dado ambiente organizacional. A maioria das organizações se estruturam em torno de narrativas invisíveis para as pessoas que a habitam. Por consequência, muitos processos de mudança estrutural e esforços para resolver episódios conflituosos específicos acabam sendo ineficientes, caso não se dediquem, primeiramente, à compreensão das narrativas que norteiam os comportamentos. Na verdade, talvez as maneiras pelas quais as pessoas saibam viver as suas histórias reforcem os próprios problemas que elas se esforçam em resolver.

O processo de Conferência Comunitária Transformativa convida as pessoas a levar em conta modelos de narrativas até então desconsiderados que possam reforçar ou reproduzir

> A transformação acontece por meio da criação de narrativas preferidas.

as condições problemáticas e, também, a identificar eventos e observar de maneira diferente, alinhada com as suas narrativas preferidas. Se as pessoas norteiam a vida de acordo com narrativas, e se organizações e comunidades se formam por narrativas, então, acredito que elas possam ser **transformadas** pela elaboração de narrativas que apoiem uma vivência preferida; elas podem, então, determinar quais relacionamentos, recursos e estruturas sustentariam a construção dessa realidade preferida.

SOBRE ESTE LIVRO

Este é um livro pequeno sobre uma grande ideia. Muitas comunidades que possuem experiências traumatogênicas se estruturarão com alto grau de desigualdade sistêmica. Raça, religião, etnia ou classe social frequentemente dividem pessoas em grupos, proporcionando diferente qualidade de vida entre moradores e visitantes por conta de algum aspecto de sua identidade. Em geral os conflitos se enraízam nas comunidades, e as linhas divisórias são mantidas por sistemas baseados em lógicas há muito abandonadas ou desacreditadas. No entanto, pelo fato de tais linhas divisórias serem persistentes e defendidas de maneira ferrenha, a esperança de mudanças significativas acaba sendo deixada para trás. A grande ideia deste livro é: mesmo essas comunidades e organizações podem ser transformadas. Pessoas, organizações e comunidades que tenham vivido, por gerações, com os vestígios do trauma social e cultural podem superar sua história e construir comunidades igualitárias caracterizadas por relacionamentos justos e respeitosos, instituições inclusivas que apoiam a dignidade da vida e pela alocação sustentável dos recursos comunitários. Diante de iniquidades duradouras e tensões comunitárias, em especial quando impregnadas em sistemas e estruturas, o **diálogo é quase sempre necessário, mas nunca suficiente para se alcançar transformação.** Muitas vezes as pessoas se deparam com oportunidades para diálogo sem, no entanto, que isso apresente resultados práticos. Ao refletirem sobre experiências vividas, os participantes afirmam que o diálogo, quando é promovido de maneira inadequada, acaba por reforçar divisões, contribuindo com a sensação de conformismo. Em geral, as atitudes da comunidade se mostram inadequadas para produzir mudanças substanciais. Pior ainda, algumas atitudes aumentam o potencial negativo do conflito entre pessoas bem-intencionadas que possuem diferentes experiências de vida, diferentes prioridades e diferentes concepções do que seja transformação. O modelo de CCT apresentado neste livro oferece às comunidades e organizações a esperança de que um outro futuro é possível.

> Este livro sobre Conferência Comunitária Transformativa oferece uma abordagem prática para engajar a comunidade de maneira a lidar com conflitos e divisões históricas baseadas no trauma.

A Conferência Comunitária Transformativa é inovadora. Nela reconhecemos e damos atenção à necessidade de confiança e de construção de laços relacionais. O processo identifica as dinâmicas de poder nas estruturas e histórias que dão forma às experiências dos indivíduos em comunidades e em organizações. É importante deixar claro: não se pretende apontar a diferença entre CCTs e outras metodologias com o intuito de se estabelecer um desses processos como superior. Ao meu ver, cada um deles tem sua importância, sua utilidade e o seu valor; a identificação de distinções se presta a auxiliar o leitor na seleção da metodologia mais apropriada para o trabalho ao qual se dedicam.

Abordagem	Similar à CCT	Diferente da CCT
Justiça Restaurativa	(1) Busca identificar danos de maneira ampla. (2) Processos inclusivos.	(1) Na CCT, não há a necessidade de categorizar participantes pelo paradigma vítima/ofensor. (2) A CCT não é focada na responsabilização por injustiças históricas. Antes, mantém o foco no estabelecimento de um futuro preferido e em lidar com impedimentos presentes.
Terapia Narrativa e Mediação Narrativa A Conferência Comunitária Transformativa se baseia, em grande parte, no ritmo da terapia narrativa[1] e da mediação narrativa[2], com algumas distinções importantes.	(1) Compartilha o pressuposto de que as pessoas não são o problema, o problema é o problema. (2) Utiliza práticas e técnicas de narrativa, incluindo: (i) Externalização de conversas. (ii) Escuta dupla. (iii) A construção de narrativas preferidas.	(1) A CCT foca no aspecto performativo das narrativas coletivas.

Abordagem	Similar à CCT	Diferente da CCT
Processos Dialógicos	(1) Utiliza modelos de história que descrevem experiências vividas pelos participantes.	(1) A CCT escuta as histórias não para levantar os fatos, mas para entender a moldura narrativa que norteia os relacionamentos. (2) A CCT foca em processos de mudança e não apenas no aumento de compreensão.
Investigação Apreciativa	(1) Usa observações correntes como base para a construção de visões positivas do futuro.	(1) A CCT desenvolve afirmações claras sobre ambas: a narrativa problemática e a narrativa preferida que sustenta a visão positiva. (2) Isso também permite uma melhor percepção das relações de poder que guiam e restringem as relações.

Para além de ser uma simples abordagem de diálogo, as CCTs são conduzidas de maneira a naturalmente proporcionarem estruturas que atendam às prioridades práticas da comunidade. Ao mesmo tempo em que a Conferência Comunitária Transformativa se implementa de maneira assertiva, ela também se baseia num conjunto de premissas teóricas interligadas de modo sofisticado, algumas das quais são referenciadas mas não plenamente exploradas no presente livro. O conhecimento aprofundado de tais princípios teóricos não se faz necessário para implementar a CCT de forma efetiva.

RUMO A COMUNIDADES CURADAS E RECONCILIADAS

A Conferência Comunitária Transformativa é um processo similar, em certa medida, a outros modelos de cura e reconciliação, de visão comunitária e de construção de paz, ou abordagens de resolução de conflitos. As CCTs enfatizam a criação de um alicerce para processos adicionais de cura e reconciliação, nos âmbitos organizacional e comunitário, que podem, em determinado momento, abranger círculos restaurativos, investigação apreciativa, dentre inúmeras outras metodologias. Na busca pelo estabelecimento de um senso de integridade e de relacionamentos saudáveis em dada comunidade (*i.e.*, reconciliação), é importante reconhecer a existência de muitos processos valiosos. É útil estabelecer uma estrutura abrangente para determinar qual metodologia deve ser aplicada. As CCTs proporcionam o estabelecimento dessa estrutura abrangente como forma de sustentar a aplicação ideal de diversas outras metodologias.

> As Conferências Comunitárias Transformativas são imbuídas do espírito de convite.

ESTRUTURA DO LIVRO

Capítulo 2: Glossário de termos relacionados à CCT – a forma mais efetiva de aplicação dos princípios inerentes à CCT depende do uso de algumas palavras e metáforas.

Capítulo 3: Explicação sobre qualidades particulares às CCTs e uma discussão sobre como funcionam as narrativas comunitárias.

Capítulo 4: Esboço do modelo CCT.

Capítulo 5: Descrição da Parte 1 do modelo CCT, mapeamento comunitário e narrativas organizacionais.
Capítulo 6: Descrição da Parte 2 do modelo CCT, criação de narrativas preferidas e planos de ação.
Capítulo 7: Habilidades dos facilitadores de CCT.
Capítulo 8: Alguns exemplos de aplicação das CCTs.
Capítulo 9: Conclusão com algumas sugestões de como proceder.

A Conferência Comunitária Transformativa é uma prática estruturada que convida à análise e ao comprometimento comunitário. O modelo é construído sobre três elementos essenciais: **transformação, comunidade** e **conferência**. Da mesma maneira que novas narrativas podem transformar relacionamentos e estruturas, novas linguagens podem transformar o modo de nos relacionarmos. O próximo capítulo apresenta a linguagem da CCT. Cada termo é vital para o planejamento e implementação de esforços transformativos em prol de mudanças.

Palavras são importantes – Glossário de termos usados no livro

A transformação é difícil de ser alcançada e improvável de se sustentar enquanto indivíduos, organizações e comunidades continuam a operar dentro dos mesmos modelos narrativos. Uma forma de transformar as narrativas é mudar as palavras e metáforas usadas para descrever ou explicar um dado contexto. Este pequeno livro possui diversos termos que são intencionalmente utilizados para alterar a visão de quem o lê.

A linguagem da Conferência Comunitária Transformativa

- Narrativa
- História-problema
- Narrativas dominantes
- Narrativas preferidas
- Performativo
- Traumatogênico
- Coordenador e Facilitador
- Problemática
- Reconciliação

Embora num primeiro momento os termos possam parecer estranhos, estimulo os leitores a utilizá-los, aplicando as definições oferecidas abaixo em vez de fazer uma substituição mental por um termo mais familiar. **Permita que a transformação comece...**

NARRATIVA

O termo **narrativa** com frequência é usado como sinônimo de **história**. As duas palavras, ainda que intimamente relacionadas, não são sinônimos. Seguindo Jerome Bruner, as CCTs funcionam a partir da concepção de que "as pessoas realizam 'representações de significado' da vida muito mais segundo o molde de uma história bem estabelecida do que de acordo com fatos ou realidades".[3] Dessa forma, a narrativa diz respeito ao delineamento ou à estrutura mais geral de uma trama e a certos tipos de personagens. Uma história é um caso mais específico dentro de uma narrativa. Por exemplo: a jornada do herói é um molde narrativo. *A Odisseia*, *O Mágico de Oz*, *O Senhor dos Anéis*, e até contos infantis como *Chapeuzinho Vermelho* e *A Pequena Locomotiva* são, cada uma delas, histórias contadas a partir da base narrativa da jornada do herói. O cenário ou contexto, os personagens e a especificidade do conflito podem variar, mas a base da narrativa permanece. No esforço para transformar dado contexto comunitário, um componente-chave é primeiro descobrir a estrutura narrativa que está na base da situação atual para, então, construir uma narrativa abrangente segundo a qual os membros da comunidade possam direcionar suas histórias individuais e conectar-se aos outros.

> Narrativas são diferentes de histórias.

HISTÓRIA-PROBLEMA

O que faz de uma história uma história-problema? A **história-problema** é aquela na qual as pessoas não identificam suas posturas preferidas, pois ela não se enquadra na narrativa vigente. Quando, no âmbito de um dado molde narrativo, a natureza dos personagens, a direção do enredo ou o enquadramento do conflito não proporcionam uma sensação de pertencimento e protagonismo, a pessoa perceberá essa situação como um problema. Os personagens, o contexto e o enredo representam construções definidas culturalmente. Frequentemente, as narrativas são consideradas incontestáveis.

Em um contexto, por exemplo, no qual um casal heterossexual decide dar fim à sua relação, há entendimentos culturalmente definidos em torno dos "papéis apropriados" para o "marido" e para a "esposa". Em geral a história-problema se encontra na adesão a tais papéis culturalmente construídos. Quando uma parte se baseia em uma narrativa específica (*i.e.*, o homem tradicional) e a outra parte se baseia em outra narrativa (*i.e.*, a mulher livre), é mais provável que o conflito surja a partir das diferentes expectativas e da gama de posturas disponíveis para cada um dos papéis na sua respectiva narrativa. Quando tentamos transformar um conflito, localizar problemas no âmago de determinadas narrativas culturalmente construídas nos ajuda a perceber as pessoas de forma destacada de seus problemas, ampliando assim as possibilidades tanto de criação de histórias quanto de ações a serem tomadas.

O mesmo evento pode resultar em diferentes histórias. **É importante relacionar as histórias às narrativas culturalmente construídas.** Quando se consegue localizar uma história-problema fora do âmbito da pessoa, então pode-se criar narrativas preferidas, ou melhor dizendo, outras histórias podem ser contadas, como base de sustentação para experiências de vida preferidas.

NARRATIVAS DOMINANTES E PREFERIDAS

Narrativas dominantes: as pessoas organizam e dão sentido à sua vida dentro de estruturas narrativas. Poucas dessas narrativas são construções originais. A maioria dessas estruturas é inconscientemente herdada e reforçada por sistemas, instituições e padrões relacionais preestabelecidos. Uma trama de múltiplas narrativas é descrita também como um **discurso**. Teorias sobre narrativa identificam o discurso como "[...] um sistema de palavras, ações, regras, crenças e instituições que compartilham dos mesmos valores. Determinados discursos sustentam determinadas visões de mundo. Podemos até pensar o discurso como uma visão de mundo em ação".[4]

> Uma narrativa ou discurso se torna dominante quando se configura como estrutura primária pela qual se estabelecem as expectativas e explicações a respeito de comportamentos, emoções e pensamentos.

Narrativas e discursos sociais dominantes influenciam vigorosamente a escolha de quais histórias serão contadas e como serão contadas. Discursos tendem a ser invisíveis – presumimos que são parte integrante da realidade.

A transformação passa a ser desejada quando discursos dominantes são, ao mesmo tempo, histórias-problema. Em comunidades marcadas por significante e persistente desigualdade, geralmente o discurso dominante não é uma história-problema para todo mundo, mas apenas para quem pede por mudança. A transformação almejada por essas pessoas está contida em suas narrativas preferidas.

Narrativas preferidas – a narrativa preferida de uma pessoa ou comunidade oferece uma gama de possibilidades e ações que:

a) **validam** relacionamentos, estruturas e distribuição de recursos equânimes;

b) **apoiam** a sobrevivência dos participantes, sua prosperidade e sua contribuição plena com o contexto em que vivem.

Conflitos comunitários e relacionais ocorrem quando a narrativa preferida de uma pessoa ou de um grupo é vista como um empecilho à do outro. O objetivo da Conferência Comunitária Transformativa não é, necessariamente, construir uma narrativa preferida compartilhada para o futuro, com a qual todos concordem. Na verdade, **a intenção é construir uma narrativa comunitária ampla que descreva um futuro compartilhado no qual múltiplas narrativas preferidas possam coexistir.**

PERFORMATIVO

O termo **performativo** é usualmente entendido como uma variação da palavra performance. Contudo, há uma diferença muito importante relacionada à transformação. O conceito de fala **performativa** foi originariamente descrito por J. L. Austin.[5] Uma palavra ou expressão é considerada performativa quando estabelece circunstâncias, ao invés de apenas descrevê-las. Por exemplo, ao final de uma cerimônia de casamento, quando o padre diz ao casal heterossexual: "Agora eu vos declaro marido e mulher", isso não é uma mera descrição da situação do relacionamento, é o estabelecimento de uma circunstância. Do mesmo modo, quando um júri declara uma pessoa "inocente", não apenas descreve um fato histórico, mas estabelece a circunstância de ausência de culpa. Nos seus contextos específicos, as pessoas se expressam de muitas maneiras que estão mais relacionadas ao estabelecimento de circunstâncias do que à mera descrição delas.

A transformação tem aspectos performativos que são trazidos à tona durante o processo de Conferência Comunitária Transformativa. A transformação que deflagramos tem uma qualidade similar à Declaração de Independência dos Estados Unidos da América. Quando da sua elaboração, essa declaração estabeleceu coisas que não existiam antes. Em seguida, as pessoas passaram a organizar suas vidas e instituições em apoio a ela. Em uma CCT, quando as pessoas declaram uma narrativa preferida, tal declaração tem potencial para impactar igualmente relacionamentos, organizações e comunidades.

TRAUMATOGÊNICO

Traumatogênico significa algo que gera trauma. Este ocorre quando situações são percebidas como ameaças à vida, ou como muito mais fortes que a capacidade de reação de um indivíduo ou de uma comunidade. A situação ou o evento em si não são o trauma. Trauma é um complexo conjunto de respostas físicas, emocionais, cognitivas, espirituais e relacionais a uma experiência de total impotência. A distinção entre **um evento** e **uma resposta** é importante

> Trauma é o conjunto complexo de **respostas** físicas, emocionais, cognitivas, espirituais e relacionais a uma experiência de total impotência.

porque outras pessoas podem ser socialmente condicionadas a imitar as ações traumáticas por intermédio de padrões relacionais. Da mesma forma, políticas públicas, sistemas e estruturas podem ser construídos de modo a se perpetuarem e reproduzir padrões traumáticos comportamentais, mentais, emocionais e relacionais, sem que as pessoas ou as comunidades experimentem de forma direta eventos ou condições **traumatogênicas.**

Se uma pessoa, por exemplo, quase se afogou quando criança ou testemunhou o afogamento de um amigo próximo, essa experiência pode ser traumatogênica. Esse trauma poderia se expressar no comportamento dessa pessoa pelo medo e distanciamento de piscinas e praias. Talvez manifestasse rejeição emocional a comemorações realizadas em torno de piscinas, ou viagens à praia nas férias; ela não gosta nem de uma coisa nem de outra, mas não relaciona isso com a experiência de quase-morte que teve na infância. Ao se tornar pai, ou mãe, talvez não permita que seu filho aprenda a nadar e, assim, a rejeição emocional a piscinas e praias será adotada pela criança sem que ela tenha sofrido uma experiência traumatogênica. Os comportamentos, emoções e pensamentos traumáticos são transmitidos para outra geração. Nesses casos, a transformação não depende da eliminação das condições traumatogênicas na segunda geração; na verdade, será preciso alterar as narrativas que sustentam comportamentos, pensamentos e construções de significado.

Na maioria dos casos de trauma comunitário e subsequentes desigualdades, o evento em si não é traumático, mas o significado construído a partir de tal evento o torna traumatogênico. Se toda uma comunidade ou grupo de pessoas vivencia reações traumatogênicas, seus padrões comportamentais, emocionais, mentais e até significados espirituais serão reforçados por membros do grupo que compartilham de experiências similares ou que reiteram suas reações. Tais comportamentos, pensamentos e emoções, com o passar do tempo, serão considerados "normais" e "culturais"; persistem mesmo se as condições traumatogênicas forem alteradas ou totalmente eliminadas.

COORDENADOR

Cabe ao **coordenador** de uma Conferência Comunitária Transformativa as seguintes tarefas:

a) colher as informações sobre o histórico subjacente;

b) desenvolver o escopo da discussão;

c) iniciar a elaboração de uma declaração sobre a problemática;

d) esclarecer as intenções; e

e) gerenciar a logística em torno da realização do encontro.

Coordenadores podem ser facilitadores, mas não necessariamente.

FACILITADOR

O **facilitador** é a pessoa, ou equipe de pessoas, que gerencia a CCT propriamente dita. Essas pessoas se responsabilizam pelo gerenciamento do fluxo, do tempo, da energia e do processo de construção de significado ao longo da conferência comunitária. Em trabalhos em grupo, geralmente há uma diversidade mais extensa de habilidades, razão pela qual faz mais sentido ter uma pessoa responsável pela coordenação, enquanto outras se responsabilizariam pela facilitação.

PROBLEMÁTICA

O termo **problemática** é, em geral, entendido como uma maneira academicamente sofisticada de se dizer **problema**. Mas há uma importante diferença entre eles, que é o propósito de querer saber. Um problema é uma questão levantada para consideração ou solução; uma problemática descreve uma circunstância difícil de elucidar por não haver caminho ou fórmula clara para a resolução. Um problema pode parecer difícil de se resolver, mas a resposta parece clara; uma problemática, por sua vez, é algo mais desafiador, pois não há certeza sequer de que a pergunta apropriada foi formulada.

Uma metáfora esclarecedora, utilizada pelos agentes de paz John Paul e Angela Jill Lederach,[6] seria a distinção entre a solução de uma equação matemática e uma solução química. Enquanto existem princípios específicos que determinam os passos exatos a seguir para se alcançar a solução de um problema matemático, são muitas as formulações químicas possíveis para a produção de certos efeitos. Diante de uma problemática, a abordagem a ser adotada é a identificação dos efeitos desejados para então estabelecer, de acordo com as condições comunitárias, todas as várias combinações de relacionamentos, recursos e estruturas que podem contribuir para a produção do efeito desejado.

> **Um problema *vs.* uma problemática**
>
> **Problema**: é uma questão levantada para consideração ou solução.
>
> **Problemática:** descreve uma circunstância difícil de se elucidar por não haver caminho ou fórmula clara para a resolução.

RECONCILIAÇÃO

Reconciliação, solução de problemas e cura são, respectivamente, os objetivos últimos da justiça restaurativa, da transformação de conflitos e da cura de traumas. Compreender **onde e como** promover a interação entre essas e outras metodologias para contribuir com a cura coletiva e possibilitar reconciliação é algo, muitas vezes, confuso. O entendimento do conceito de reconciliação adotado pela abordagem da Conferência Comunitária Transformativa nos auxilia a esclarecer a maneira de utilizar outras metodologias como parte de um conjunto complexo de atos nessa direção.

Reconciliação é um conjunto interconectado de processos que têm, como objetivo comum, o estabelecimento de identidades que são:

- construídas relacionalmente;
- autênticas;
- dignas;
- interdependentemente conectadas;
- legitimadas;
- e performativamente coiguais.

Construídas relacionalmente significa que as identidades são mútuas e recíprocas. Identidades **autênticas** são autogeradas como resultado de curas individuais e busca pessoal ou grupal. Ser **digna** descreve a circunstância na qual outra pessoa, ou grupo de pessoas, respeita a autoexpressão autêntica. **Interdependentemente conectadas** salienta o sentimento contínuo de inter-relacionamento, em que os vínculos são vivenciados em espaços compartilhados e mutuamente benéficos. Identidades **legitimadas** são legal, sistemática e estruturalmente dignas, na medida em que sistemas e estruturas legais, sociais e políticos são construídos e operados de forma a honrar e incentivar a plena expressão individual e grupal. Por fim, **performativamente coiguais** significa que cada grupo e indivíduo possui, em especial, acesso igual e irrestrito aos recursos necessários para a sobrevivência, o bem-estar e a contribuição significativa à sociedade em que vive.

> O propósito das CCTs é construir comunidades e organizações que se encaminhem para a cura e reconciliação.

CONCLUSÃO

Juntos, esses termos – narrativas (dominante e preferida), história-problema, performativo, traumatogênico, coordenador, facilitador, problemática e reconciliação – proporcionam a linguagem necessária para a implementação das CCTs. Ainda que tais termos pareçam um pouco sofisticados, um certo nível de complexidade se faz necessário ao lidarmos com a transformação de desigualdades profundamente enraizadas nas comunidades. No próximo capítulo será respondida a seguinte pergunta: O que são Conferências Comunitárias Transformativas?

3
O QUE SÃO CONFERÊNCIAS COMUNITÁRIAS TRANSFORMATIVAS?

Nas Conferências Comunitárias Transformativas, comunidades, organizações e indivíduos trabalham juntos em um esforço de descoberta com facilitação para:

a) revelar as principais estruturas narrativas que norteiam suas vidas;

b) perceber a presença de histórias alternativas que harmonizam mais com suas narrativas preferidas;

c) identificar os padrões de relacionamento, os modos de distribuição de recursos, e as estruturas que possam sustentar a narrativa preferida de dada comunidade; e

d) utilizar suas descobertas como base para o plano de transformação comunitária.

QUALIDADES DAS CONFERÊNCIAS COMUNITÁRIAS TRANSFORMATIVAS

Aqui serão descritas algumas importantes qualidades das CCTs, especialmente os aspectos **transformativo** e de **narrativas comunitárias**:

A) Transformativa

Um princípio inerente à Conferência Comunitária Transformativa é a ideia esperançosa de que, com o devido foco e comprometimento, pode haver mudança **radical**, não importa há quanto tempo certas condições estejam persistindo. Radical significa **na raiz**. As CCTs lançam as sementes e colocam a treliça para permitir o florescimento de uma nova narrativa comunitária.

1. Transformação não é o mesmo que justiça restaurativa

As CCTs refletem a ênfase curativa da justiça restaurativa mas, ao mesmo tempo, **não são uma abordagem restaurativa no sentido clássico** do termo. Howard Zehr resume a justiça restaurativa como algo fundado "em uma concepção muito antiga de delito, baseada no senso comum".⁷ A justiça restaurativa se fundamenta em um conjunto de princípios e práticas para vítimas de delitos que buscam maneiras de lidar com os danos por elas vividos, e também responsabilização. O paradigma da justiça restaurativa busca reorientar a justiça na direção do cumprimento de obrigações criadas pelas violações praticadas. Processos de justiça restaurativa visam corrigir as coisas o máximo possível. São muitas as distinções entre CCT e justiça restaurativa.

> A maioria das comunidades de povos oprimidos e marginalizados **não** quer "restauração", mas **sim** buscar a "transformação" de seu contexto.

A linguagem da restauração pode ser confusa, especialmente no caso do trauma e opressão históricos e multigeracionais. Restauração pareceria indicar o reestabelecimento dos "bons tempos", quando os relacionamentos entre grupos diferentes eram, de alguma forma, mais positivos, inclusivos, respeitosos e equânimes. Considera-se a justiça restaurativa como aplicável em contextos institucionais e comunitários nos quais critérios e regras para julgar comportamentos errados e ofensivos tenham sido estabelecidos. Um objetivo primordial dos processos de justiça restaurativa é a restauração de um equilíbrio dentro do contexto das regras e convenções relacionais acordadas. **Contudo, de modo frequente, as regras que pautam os relacionamentos foram as mesmas que criaram o contexto que ensejou o dano, e são uma preocupação tanto quanto o dano em si.**

Nos casos de populações marginalizadas e desigualdades profundas e duradouras, tais regras foram, em geral, estabelecidas por um grupo e impostas aos outros. Usualmente, são também as narrativas dominantes, perpetuadas por regras e convenções, que auxiliam na manutenção de desigualdades. Regras e estratégias de convivência são, às vezes, baseadas em narrativas de inferioridade de um grupo perante outro. Tácita ou explicitamente, regras institucionais fazem sentido por conta de narrativas dominantes que as reforçam.[8] Sem um conjunto de regras e normas de convivência acordadas de modo coletivo, que determine quem está errado, a responsabilização se torna mais difícil. A Conferência Comunitária Transformativa busca, de maneira intencional, envolver todos os setores da comunidade no esforço de se nomear e construir uma nova narrativa comunitária, que reflita os lugares igualmente estimados e compartilhados de modo equânime por todas as pessoas.

Um objetivo primordial da Conferência Comunitária Transformativa é identificar ou desenvolver narrativas preferidas, que se tornem a base para as regras e relacionamentos a partir de então.

O pressuposto operacional para as CCTs é que comunidades são, ao longo do tempo, cocriadas e sustentadas por todos os atores e instituições. A persistência de situações de opressão e marginalização indica a necessidade de estabelecer novos valores compartilhados, que não são necessariamente os valores que levaram à necessidade de um processo de CCT.

Em sua discussão sobre a relação entre poder e saber, o filósofo francês Michel Foucault afirma que "é impossível entender a dinâmica das relações de poder de um dado sistema de dentro desse mesmo sistema".[9] Abordando essa questão por uma outra perspectiva, é complicado para pessoas estudarem e analisarem suas próprias histórias de modo objetivo. A maneira pela qual as pessoas dão sentido às suas vidas – e realidades – é, via de regra, condicionada por essas mesmas realidades. As ideias que concebemos sobre o que "deveria ser" são construídas a partir das histórias que herdamos sobre como as coisas são. É difícil, se não impossível, transformar sistemas e estruturas se todo o mundo vem do mesmo sistema.

Narrativas preferidas também são importantes no nível organizacional. Geralmente, em instituições e organizações comunitárias, parece que uma abordagem restaurativa é adequada para restaurar desequilíbrios, para curar feridas. Contudo, de tempos em tempos, é importante atualizar o alinhamento de valores organizacionais com seus respectivos relacionamentos, recursos e estruturas. Na medida em que a organização ou instituição passa a ser habitada por novas pessoas, e uma vez que os contextos se alteram, valores e princípios que se tornaram velados precisam ser explicitados. Assim, a maneira pela qual valores e princípios são expressos pode ser aceita ou rejeitada e atualizada para o contexto vigente.

> A Conferência Comunitária Transformativa é um modelo de atuação que sustenta sistemas de transformação por intermédio de uma análise de poder e da expressão reelaborada de valores.

2. A transformação se inicia no epicentro

A intenção da Conferência Comunitária Transformativa é mudar radicalmente as relações de poder de toda a rede de sistemas e instituições que condicionam as dinâmicas comunitárias em curso. Uma metáfora útil para melhor entender como iniciar transformações, conforme descrita por John Paul Lederach,[10] é a do terremoto. Um terremoto é resultante do deslocamento ou realinhamento das placas tectônicas.

De fato, o ponto onde o realinhamento ocorre seria descrito como o **epicentro** do tremor. O impacto do realinhamento é sentido em inúmeras comunidades e tais impactos são os efeitos **episódicos** do tremor.

Comunidades buscando mudança geralmente direcionam seu foco a um **episódio** conflituoso – um tiroteio envolvendo a polícia, um incidente racial, um ato de discriminação, ou a prática de violência contra uma criança ou um adulto que esteja fora da conformidade de gênero. A maioria de tais incidentes reflete diversos conjuntos de problemas. Transformar toda uma comunidade a partir do ponto de vista de um único evento distorce a natureza da narrativa de dada comunidade. Cada episódio é um sintoma que poderia ser adequadamente identificado como uma representação sintomática de questões mais profundas. Conferências Comunitárias Transformativas exploram formas de se trazer à tona essas questões mais profundas. Quando a transformação se inicia a partir do epicentro, ela tem impactos múltiplos e vibrantes.

> Episódios são sintomas de questões mais profundas.

3. Transformação é um processo de longo prazo.

A identificação de narrativas dominantes e a definição ou escolha de narrativas preferidas alternativas pode acontecer num curto período de tempo, de poucos dias a alguns meses. Contudo, a transformação leva mais tempo. Ela ocorre quando os relacionamentos, recursos e estruturas são alterados de acordo com a nova narrativa preferida, **e** quando comportamentos (incluindo pensamentos e emoções) em favor da narrativa transformada tenham se tornado habituais.

O produto das CCTs é a declaração explícita de uma narrativa preferida que oriente ações transformativas em prol de um futuro compartilhado. Pelo fato de a transformação ser um processo de longo prazo, o uso de narrativas é essencial para o sucesso do trabalho. Enquanto a narrativa preferida aponta para a transformação, a caminhada diária, as ações dos membros da comunidade, vão viabilizando caminhos diferentes.

> As narrativas apontam na direção da transformação, ao passo que as ações fazem acontecer as mudanças.

B) Narrativas comunitárias são **multidimensionais, interseccionais** e, com frequência, **"altamente visíveis ainda que não vistas"**.

Com o passar do tempo, toda organização e comunidade adota um determinado "jeitão". Esse "jeito" é geralmente descrito como a "cultura" organizacional ou comunitária: a maneira como as pessoas se relacionam umas com as outras, e a presença, ou centralidade, de uma narrativa dominante. Com frequência, há inclusive uma história referência que serve como mito fundante ou como história central da comunidade. Quando novos membros ou visitantes têm sua primeira experiência dentro de uma organização ou visitam uma comunidade, eles ficam conhecendo a cultura vigente. No entanto, seria um erro pressupor que ter consciência da narrativa dominante significa ter entendimento suficiente para preparar um processo de transformação. Isso porque as narrativas são complexas. Narrativas comunitárias são multidimensionais, interseccionais e, em geral, "altamente visíveis ainda que não vistas".

1. Narrativas comunitárias são multidimensionais

Como uma novela, peça teatral ou filme, toda comunidade possui uma história de fundo. Pode haver experiências mais abrangentes, geralmente de triunfo ou tragédia, inclusão ou opressão, que são centrais para a história da comunidade. Contudo, ter consciência dessas histórias centrais não bastará para explicar a cultura comunitária ou organizacional. A composição de uma comunidade muda em razão de nascimentos, mortes, imigração ou emigração. Organizações se alteram por intermédio de crescimento, redução de tamanho, contratações, demissões, mudança de produtos e destinação dos serviços.

> Toda comunidade possui uma história de fundo.

Junto com essas mudanças acontecem alterações sutis, e às vezes drásticas, na natureza das pessoas e das identidades. No entanto, algumas histórias, valores e instituições unificantes continuam iguais. Isso significa que culturas organizacionais e comunitárias estão sempre em metamorfose, ao mesmo tempo em que algumas características fundamentais são mantidas.

Quando as pessoas chegam a uma comunidade, elas se tornam conscientes das narrativas visíveis.

Cada pessoa traz uma história e uma narrativa para contribuir com a comunidade. Toda pessoa e família se posiciona de modo diferente em relação aos eventos centrais da comunidade. Uma reiteração estática dos eventos não transmite os diversos impactos e respostas a eventos significantes e arranjos organizacionais rotineiros. Mudanças podem proporcionar benefícios a alguns e ao mesmo tempo causar danos a outros. O que algumas pessoas vivenciam como sendo progresso outros experimentam como violação à dignidade. Por exemplo, ao se mudar para uma comunidade, uma pessoa pode reparar nos padrões residenciais e na localização dos estabelecimentos comerciais. A situação pode, em geral, ser explicada pela repetição de uma história comunitária padrão. Porém, movimentos culturais, como a alteração de padrões residenciais que impliquem em variações demográficas nas escolas locais, impactam de maneira diversa cada pessoa, família, departamento, vizinhança e grupo racial/étnico, bem como seu senso de status social, autonomia, relacionamentos, equidade, e até sobre a esperança que tem para o futuro e seu lugar nele.[11] As respostas pessoais e sistemáticas a movimentos culturais de mudança talvez revelem algumas questões não examinadas sobre narrativas ocultas: o que significa, para pessoas de categorias raciais, étnicas ou de classe diferentes, conviver num espaço residencial compartilhado?

Ao permitir que histórias sejam contadas e, simultaneamente, que uma narrativa compartilhada seja construída, a Conferência Comunitária Transformativa tira proveito da natureza multidimensional das narrativas comunitárias.

2. Narrativas comunitárias são interseccionais

A identidade, ou a maneira como vemos a nós mesmos, é influenciada por histórias que contamos sobre nós mesmos em relação a narrativas preferidas e dominantes. As identidades pessoais e de grupo em geral são formadas pela combinação de várias narrativas. A combinação de narrativas é chamada de **corrente narrativa**. Numa corrente narrativa existe um conjunto básico de histórias que influenciam o entendimento que um indivíduo tem de sua identidade e seu lugar e papel dentro da organização ou comunidade – que podem se basear na sua idade, raça, gênero, religião, habilidades físicas, tamanho, inteligência, linhagem familiar, certificados ou qualificações acadêmicas e profissionais, e muitas outras variáveis. Usualmente, as correntes narrativas não produzem uma identidade específica e predeterminada. Contudo, se a maioria das narrativas na corrente são similares, oferecendo uma maneira estreita de ser homem ou mulher, jovem ou idoso, negro ou branco, e assim por diante, ela é uma **narrativa comprimida**.[12]

> A opressão restringe a identidade, limitando as maneiras de agir das pessoas.

Repressão e desigualdade social resultam de narrativas comprimidas, por reforçarem histórias dominantes e opressivas. **Uma narrativa comprimida é uma corrente, porém muito estreita, que molda identidades e limita as maneiras aceitáveis, ou cabíveis, segundo as quais a pessoa ou grupo deve agir, pensar e se relacionar – limitação imposta tanto ao indivíduo como a quem o observa.** Narrativas comprimidas são altamente resistentes à mudança[13] pois em geral a opressão é invisível, e esse é um aspecto insidioso de muitas instituições sociais. No âmbito da educação, por exemplo, a narrativa de que uma certa classe de pessoas é menos inteligente se refletirá, de forma inconsciente, na maneira como os professores propõem as atividades, no tipo e quantidade de recursos oferecidos, e nas expectativas dos professores em relação a tais alunos. Quanto aos próprios estudantes, muitos de seus familiares e colegas aceitarão aquela narrativa e a reforçarão dizendo coisas do tipo: "Isso não é algo que eles deixam a nossa gente fazer; você deveria ter expectativas realistas sobre a sua vida; pare de tentar ser superior".

Um outro exemplo: os papéis individuais de gênero são aprendidos por intermédio de interações com variados sistemas sociais. Pode haver uma gama de papéis para garotas e mulheres ensinados em casa via corrente narrativa. Tais papéis podem estar alinhados ou não com as correntes narrativas a respeito delas na escola, na comunidade religiosa ou no mercado de trabalho.

> Quanto mais ampla a **gama** de correntes narrativas (*i.e.*, quanto menos comprimida a corrente narrativa), maior a disponibilidade de **escolha** no tocante a identidades e seus respectivos papéis.

Quando as narrativas sobre identidade em uma comunidade são mais comprimidas, é muito provável que as pessoas se sintam mais limitadas quanto à expressão de seus comportamentos. Se um homem ouve em casa, na escola e no trabalho que mulheres são cidadãs inferiores, é provável que ele as tratará como tais. Se um homem é criado em um lar onde a figura masculina é abalizada como dominante, mas descobre na escola e no mercado de trabalho que igualdade de gênero é algo importante, uma nova e possivelmente conflitante corrente narrativa se torna disponível a ele para vivenciar sua identidade masculina.

É importante lembrar que cada pessoa e cada grupo se compõe de inúmeras e diferentes narrativas interseccionais, provavelmente narrativas demais para serem nomeadas ou contadas. Algumas narrativas oferecem mais escolhas do que outras. Em dada comunidade ou organização, as experiências do dia a dia podem variar de pessoa para pessoa, pois suas identidades existem na intersecção de diversas correntes narrativas.

Uma característica de sociedades altamente opressivas é, em geral, a existência de um traço identitário específico que se sobrepõe e impede a consideração de todos os outros. Em certas comunidades, por conta de narrativas muito comprimidas, se uma pessoa é tida como de certa origem étnica, suas opções serão limitadas, não importando o quão inteligente, bela, talentosa ou progressista ela seja. Mesmo duas pessoas que compartilhem uma mesma característica identitária podem, na mesma comunidade, vivenciar relacionamentos e instituições de maneira muito diferente. Por exemplo, se diz que "a riqueza acoberta um mundaréu de pecados". Se uma pessoa é rica, muitas vezes não importa sua beleza física, inteligência, talento ou inúmeros outros aspectos. E, vice-versa, em algumas comunidades, ser visto como tendo certa herança racial ou étnica imporá limites à gama de comportamentos esperados, não obstante a riqueza de dada pessoa: como no caso de um jogador de basquete profissional, tido também como afro-americano ou latino, que é mais vigiado ao entrar numa loja de joias. **A experiência acontece na intersecção de diversas identidades e, por isso, as narrativas comunitárias que sustentem transformação precisam ser interseccionais.**

3. Narrativas comunitárias são, com frequência, "altamente visíveis, ainda que não vistas"

As conversas desaparecem. Há certos eventos e experiências que definem uma organização ou comunidade. Os sistemas se transformam e, por consequência, os relacionamentos mudam constantemente. Ainda que os acontecimentos sejam discutidos perto do momento em que ocorreram, com o tempo as conversas se extinguem. Contudo, os sistemas guardam um registro permanente.

> Nos Estados Unidos, na sequência do 11 de setembro de 2001, que foi um conjunto de eventos traumatogênicos para algumas pessoas, alguém tentou embarcar com explosivo líquido em um avião e, em outro caso similar, uma pessoa tentou detonar um dispositivo escondido na sola de um calçado. Mesmo tratando-se de apenas dois casos entre milhares e milhares de voos, agora todo aeroporto nos Estados Unidos limita o tamanho de recipientes com líquidos carregados nas bagagens de mão, assim como todo passageiro tem o seu calçado revistado. Mesmo décadas após os eventos iniciais, é bem possível que pessoas jovens e visitantes não saibam das histórias por trás desses procedimentos, mas, mesmo assim, deverão se adequar às suas consequências. Isso é um exemplo de como as conversas se extinguiram com o passar do tempo. A performance da narrativa, porém, é "altamente visível, ainda que não vista".

As práticas narrativas das Conferências Comunitárias Transformativas criam um ritmo de conversação lento o suficiente para revelar tais narrativas, permitindo sua exploração sistêmica. Se os relacionamentos e sistemas influenciaram momentos e contextos diferentes, a CCT proporciona a oportunidade de se escolher uma base nova, e preferida, para o estabelecimento de relacionamentos; um novo conjunto de valores para alicerçar os sistemas e instituições que vinculam as pessoas em comunidade.

CCT NÃO É O MESMO QUE DIÁLOGO

O formato da conversação é importante. O diálogo pode ser uma prática relevante em muitos esforços de transformação comunitária. Processos dialógicos proporcionam oportunidades para trocar pontos de vista e compreender outras perspectivas de modo mais profundo e completo. Esse tipo de diálogo, no entanto, não foi especificamente desenhado para criar uma agenda de ação. Processos dialógicos podem ser combinados com outros mais focados em consequências práticas, porém, priorizar relacionamentos em detrimento de ações práticas costuma desmotivar muitas pessoas de participar. Processos dialógicos, em geral conduzidos em círculos ou pequenos grupos, são tidos como uma via circular: diante de um problema declarado, as pessoas expressam seus sentimentos mais profundos em relação a ele e, então, a conversa circula em torno do problema apresentado. Sem diminuir a importância do papel do diálogo – compartilhar sentimentos é uma etapa importante que prepara para a ação –, o fato é que a ausência de uma consequente agenda de ações práticas muitas vezes desestimula as pessoas a participar.

O propósito da CCT é desenvolver um alicerce para a construção de um rol programático de ações práticas. As CCTs possuem um caminho espiralado. Existe a construção de confiança e de relacionamentos de maneira similar ao diálogo, contudo toda partilha é feita para contribuir com uma análise que, por sua vez, estabelece a base para a ação. Uma análise de narrativas, na forma de uma CCT, cumpre a intenção do diálogo ao criar oportunidades de partilha profunda e construção de confiança para, **ao mesmo tempo**, ir explicitamente além do diálogo e lançar as fundações para futuras ações colaborativas ou coordenadas.

De modo semelhante à investigação apreciativa (veja tabela no Capítulo 1), a CCT é um processo. Seu produto final é um mapa ou diagrama para a cura e reconciliação de longo prazo, no nível organizacional ou comunitário. A transformação comunitária requer uma mudança na intenção e na prática dos relacionamentos, uma diferente alocação de recursos para suportar novas intenções, e uma reinvenção de estruturas e sistemas mais de acordo com a narrativa preferida. O valor de se colocar a CCT em prática está no fato de que um modelo baseado em narrativas cria um receptáculo natural para acolher e levar em consideração múltiplas dimensões, intersecções identitárias e conversas "altamente visíveis, ainda que não vistas".

CONCLUSÃO

As Conferências Comunitárias Transformativas:

1. visam identificar e reparar danos usando processos inclusivos;
2. cumprem as intenções primárias do diálogo;
3. revelam os variados impactos que as relações de poder causam nas experiências vividas numa comunidade;
4. constroem narrativas compartilhadas e preferidas;
5. funcionam como alicerce para transformações de longo prazo, persistentes e demonstráveis.

O próximo capítulo apresenta um esboço do modelo CCT.

ESBOÇO DO MODELO DA CONFERÊNCIA COMUNITÁRIA TRANSFORMATIVA – MODELO CCT

O formato da Conferência Comunitária Transformativa derivou dos trabalhos iniciais de Gerald Monk e John Winslade (mediação narrativa),[14] e David Denborough (terapia narrativa)[15]. O modelo da Conferência Comunitária Transformativa se implementa num formato de espiral. Em geral, há mais de uma rodada de análise, o que permite aos participantes a oportunidade de reflexão mais profunda. A primeira rodada é, frequentemente, conduzida como um "ensaio" para o diálogo e cujo foco é uma peça de teatro, uma paródia, um filme, ou alguma outra metodologia baseada no relato de uma história (de preferência, que possa ser interpretada e não apenas lida). A ideia de se realizar o ensaio de diálogo é apresentada em detalhes mais adiante. O diálogo-ensaio e a análise comunitária "de verdade" são conduzidos seguindo os mesmos passos e o mesmo ritmo. A principal diferença entre eles é que durante a rodada de ensaio há menos profundidade e não há a necessidade de construir um plano de ação.

As CCTs envolvem o compartilhamento de histórias que aprofundam os relacionamentos e vivências dos participantes. A contação de história é apresentada na rodada de ensaio, mas durante as rodadas posteriores de análise ela se desenrola de maneira mais pessoal, atenta às especificidades do contexto comunitário.

UMA PALAVRA SOBRE OS PARTICIPANTES

Antes de descrever os passos do processo, é importante saber algo sobre o conjunto ideal de participantes de uma Conferência Comunitária Transformativa. Para compreender completamente a escala e o impacto das questões que poderiam se beneficiar pela realização de uma CCT, é importante obter a participação de pessoas que sentem seus impactos em todos os níveis:

- aquelas que estão vivenciando os impactos mais duros e diretos (as marginalizadas, oprimidas e privadas de direitos);
- aquelas que estão próximas o bastante das questões para ter conhecimento direto, e distantes o suficiente para possuírem alguma perspectiva (em geral, militantes, acadêmicos e aliados ou pessoas que já tenham vivenciado as questões de forma direta, mas que já se encontram em outras posições; em realidades organizacionais, poderia ser um antigo funcionário da linha de produção que se tornou gerente; em uma comunidade, poderia ser alguém nascido em uma das comunidades privadas de direitos e que chegou a posições sociais de poder e prestígio);
- aquelas à margem das questões, sofrendo nenhum ou pouco impacto;
- e mesmo algumas pessoas que se considerem completamente alheias às questões enfrentadas pela comunidade.

Pessoas no grupo intermediário – aquelas próximas o bastante da questão para estarem bem conscientes, e distantes o suficiente para desenvolverem outras perspectivas – são um "eleitorado natural" para CCTs. Em geral, essas pessoas são militantes locais, líderes civis e acadêmicos já envolvidos em alguma medida com as questões em pauta. Usualmente, são as que aceitam participar com mais facilidade. Dois grupos bem mais difíceis de granjear envolvimento e comprometimento, mas cuja participação é de extrema importância para esses processos, são:

1. pessoas direta e duramente impactadas pelas desigualdades; e

2. pessoas que não vivenciam impactos negativos, que podem até se beneficiar da situação vigente e têm pouco interesse em mudanças.

Ironicamente, ambos os grupos talvez possuam a mesma impressão sobre participar ou não: "Não sei como isso pode ajudar a minha turma". Muitas vezes, o primeiro grupo está muito envolvido com suas estratégias de sobrevivência no dia a dia para perceber qualquer benefício imediato de mais um "bate-papo"; o segundo grupo tem dificuldade em perceber como poderá ser construída uma solução sem que se transformem no "problema". O esforço fundamental do coordenador é apresentar o processo de maneira que ambos os grupos se disponham a participar.

Certamente, é importante ter a participação de vozes e experiências diversas na mesma conferência comunitária. **Quanto maior a variedade de perspectivas, mais completa e matizada será a narrativa comunitária.** Contudo, se há gente demais para acomodar num determinado momento, o coordenador deve planejar conferências separadas, mantendo a maior diversidade de vozes e experiências possível em cada encontro.

O benefício de ter diversidade de participantes nos encontros é a criação de uma "audiência interessada", um grupo de pessoas que escuta as experiências dos outros. Por intermédio de suas histórias de vida, as pessoas querem compartilhar esperanças, medos, frustrações e habilidades, em especial quando estão passando por momentos difíceis, com a expectativa de que os outros, diferentes delas, ouvirão e reconhecerão seus pontos de vista. Mesmo sem haver consenso, acontece reconhecimento quando alguém escuta, questiona e estabelece conexões com suas próprias experiências a partir das histórias compartilhadas. Se há diversidade suficiente entre os participantes, isso transmite a ideia de que toda a comunidade, de certa maneira, reconhece aquela história. A escuta da história de cada um: esse é o lugar a partir do qual a transformação começa.

> A transformação começa quando ouvimos as histórias uns dos outros.

Na próxima seção, estão apresentados os passos básicos do modelo, que devem começar numa rodada de ensaio para, então, serem repetidos e aprofundados para a análise narrativa das verdadeiras experiências vividas pelos participantes.

PASSOS BÁSICOS DO MODELO
1. Mapear narrativas comunitárias/organizacionais

1.1. Externalização da conversa: nomeação das problemáticas primárias.

1.2. Mapeamento dos impactos das problemáticas em todas as esferas da vida.

- *Partilha de histórias e envolvimento profundo do mapa.**
1.3. Resumo dos impactos da narrativa dominante.
1.4. Mapeamento reverso pela identificação de desfechos específicos como base para uma história alternativa.
- *Revelação das qualidades e contexto dos desfechos específicos para a fundação de uma narrativa alternativa.*
- *Partilha de histórias e envolvimento profundo com narrativas alternativas.**
1.5. Comparação entre narrativas dominante e alternativa.

2. Definir a narrativa preferida dos participantes

Após ter conduzido diversas conferências com diferentes participantes, o coordenador pode reelaborar um grupo representativo de todas as conferências para desenvolver uma análise comunitária abrangente e sua narrativa preferida. Essa versão abrangente servirá como base para projetar o plano de ação transformativa da comunidade ou organização.

3. Construir a estratégia de transformação*

O que é necessário para fazer escolhas diárias em apoio à narrativa preferida dos participantes?

- Relacionamentos novos ou repensados?
- Alocação transformada de recursos?
- Reconsideração ou reconfiguração estrutural?

---

* Esses passos em geral são conduzidos durante a análise comunitária, e não na rodada de ensaio. Ainda que as pessoas façam alusão às suas próprias experiências durante a rodada de ensaio, o compartilhamento de histórias é menos confuso se realizado durante conversas diretas sobre a comunidade.

Os Capítulos 5 e 6 descrevem o modelo da CCT em duas partes: a primeira explica como mapear narrativas comunitárias, identificar problemáticas e narrativas dominantes e alternativas; a segunda esclarece como selecionar narrativas preferidas com o propósito de seguir adiante com planos de ação transformativa.

O MODELO CCT – PARTE 1: MAPEAR NARRATIVAS

DIÁLOGO-ENSAIO

A Conferência Comunitária Transformativa geralmente começa com uma rodada de "ensaio". Na prática, os passos do processo são implementados usando-se um "terceiro objeto" ou "materiais de problematização". Aquilo que Parker Palmer chama de **terceiro objeto***, ou o que Paulo Freire descreve como **material de problematização**, são coisas que auxiliam as pessoas a lidarem com seus próprios contextos por meio de metáforas alheias à sua situação imediata. Isso fortalece a capacidade de analisar e transformar as circunstâncias pois permite, antes de tudo, que as pessoas se sintam confiantes e reconheçam o caminho que estão trilhando. Palmer se refere ao terceiro objeto por se tratar de algo alheio às partes em conflito. Não é uma parte (o primeiro componente) ou a outra parte (o segundo componente), é um **terceiro** objeto. Este, espera-se, criará espaço para um olhar objetivo e metafórico, ou ao menos com alguma distância crítica, a fim de dar início ao desenvolvimento de insights a respeito do contexto das partes envolvidas. O educador Parker Palmer com frequência utiliza um poema, um elemento artístico visual ou musical, ou um breve conto folclórico como terceiro objeto.[16]

---

* No original em inglês, *third thing*: terceira coisa ou terceiro objeto. [N. do T.]

De modo semelhante, Paulo Freire, filósofo da libertação e educador, se refere a essa prática como o método da **problematização** para fomentar o pensamento crítico. Os materiais, tais como um pôster ou uma representação teatral, muitas vezes criados pelos próprios participantes, apresentam os dilemas ou aspectos dificultosos da problemática, sem sugerir resoluções.[17] Então, a partir do terceiro objeto ou da problematização, os participantes conseguem tirar insights relacionados ao seu próprio contexto.

Para os propósitos da CCT, o ponto inicial, o terceiro objeto, em geral é um filme ou uma peça de teatro. A intenção ao usar um filme ou uma peça teatral é apresentar uma circunstância na qual possa haver diversos desafios e escolhas, mas que, de preferência, não exista uma resolução clara. É possível ao facilitador decidir pela interrupção do filme ou da peça em um ponto específico, caso haja algo sugerindo uma resolução. Por exemplo, pode-se evitar que o terceiro ato de uma peça seja apresentado, ou interromper o filme depois que os conflitos e dilemas tenham sido firmemente apresentados, mas bem antes que uma solução seja oferecida. Os participantes se relacionarão com a trama a partir de diferentes perspectivas, inclusive identificando-se com um personagem em especial, dependendo das suas próprias histórias pessoais e contextos culturais. Para dar sentido a partes da história que ficaram sem explicação, os participantes criarão, para eles mesmos, uma **história de fundo**. Uma razão para começar com esse terceiro objeto é criar a oportunidade de distanciamento e objetividade, contribuindo assim para uma visão mais clara. Isso pode despertar emoções, porém estas não são uma resposta direta às experiências e dificuldades diárias vividas pela própria pessoa. Uma análise de um filme ou peça, no início da CCT, demonstra aos participantes como **intersecções**

identitárias resultam numa variedade de significados que podem ser construídos a partir do mesmo conjunto de observações disponíveis.

Perspectiva	Ferramenta para a rodada de ensaio	Exemplos
Parker Palmer	Terceiro objeto	– poema – arte visual – conto folclórico
Paulo Freire	Material de problematização	– pôster – representação teatral
Conferência Comunitária Transformativa	Terceiro objeto	– filme – peça de teatro

O processo das CCTs – estrutura de conversação, intenções do processo e forma de análise comunitária – é, em geral, desconhecido pelos participantes. O fluxo pode parecer turbulento. Igualmente, pode ser algo difícil para o facilitador. Recomenda-se que o facilitador treine antecipadamente, para obter mais experiência com o processo. Da mesma forma, é bom que os participantes aprendam sobre o modelo da CCT pela utilização de um terceiro objeto. Uma vez que tenham percebido em primeira mão o poder do modelo, os participantes se sentirão mais confiantes quanto à sua aplicação e ficarão motivados para conduzir uma análise profunda dos seus contextos pessoais.

Todos os passos da análise comunitária são primeiramente vivenciados no diálogo-ensaio em que se trabalha sobre um terceiro objeto. Para melhores resultados, os participantes são incentivados, durante a rodada de ensaio, a seguir o modelo da conferência até o fim (salvo pela contação de história e o plano de ação), aplicando todo o modelo analítico ao terceiro objeto.

O mapeamento não precisa alcançar o nível de profundidade reservado para a análise comunitária. É muito proveitoso para os participantes verem como narrativas alternativas são suscitadas pelo facilitador a partir das suas observações.

1. MAPEAMENTO DE NARRATIVAS COMUNITÁRIAS/ORGANIZACIONAIS

1.1. Externalização de conversas: explicitar as principais problemáticas.

O processo de **externalização** de uma problemática diz respeito ao desenvolvimento de uma história-problema cujos problemas são personagens da história, e não características de qualquer pessoa ou grupo. Um princípio das práticas narrativas, incluindo mediação narrativa, terapia narrativa e Conferência Comunitária Transformativa, é que os **facilitadores trabalham duro para considerar as pessoas como separadas de seus problemas, auxiliando-as a fazerem o mesmo.**

Por exemplo, em vez de descrever as pessoas como "tendo medo umas das outras", o contexto poderia ser descrito como um ambiente onde "o medo aparece, e as pessoas reagem diferentemente" à presença do medo. Na primeira descrição o medo é identificado como uma condição na qual as pessoas se encontram; na segunda, o medo é externalizado como um personagem com o seu próprio papel, ações e motivações. Quando o medo é um personagem em si, outros personagens podem reagir de outro modo perante ele porque não se trata de uma parte essencial de sua personalidade. Esse processo de externalização estabelece uma gama mais ampla de opções para o contexto transformativo.

A externalização é feita pela escuta das histórias dos participantes, sem tratar tais histórias como "fatos" ou sintomas a serem diagnosticados. Em vez disso, trata-se de **ouvir a maneira como as histórias são contadas, pois isso oferece pistas sobre como as pessoas estão organizando suas vidas naquele momento.** O que elas percebem como problemático em tais histórias revela os pontos onde há limitações e esperanças. A experiência de limitação no contexto de uma história é, também, o lugar onde o narrador identificou formas de poder que impõem restrições.

Construindo uma conversa de externalização. O propósito da conversa de externalização é conseguir que os participantes explicitem as narrativas que estão vivenciando. Quando os participantes descrevem uma história, ao mesmo tempo colocando-se fora dela, eles se conscientizam de mais oportunidades de ação, mais do que perceberiam se falassem de dentro da história. Pesquisas demonstram que ser capaz de ver a si mesmo como estando fora da história aumenta a sensação de ser capaz de refletir e agir com deliberação no mundo.[18] O efeito de colocar-se fora da história, e observá-la, é como abrir uma nova janela pela qual é possível ver o que se passa na sua própria vida. Como "descrever uma história colocando-se fora dela"?

A conversa de externalização começa com uma simples declaração:

> As pessoas não são o problema.
> O problema é o problema.

O facilitador inicia a conversa com uma folha em branco em um *flipchart*, e escreve essa afirmação no topo da página. Então, desenha um grande círculo no meio da página.

> As pessoas não são o problema.
> O problema é o problema.

O facilitador, em seguida, faz uma pergunta que convida os participantes a considerarem a circunstância a partir da seguinte estrutura:
"Se as pessoas NÃO são o problema e o problema É o problema, que nome você daria ao problema que viu no terceiro objeto (peça teatral ou filme)?"

O facilitador escuta as respostas atentamente, clarificando e se esforçando para garantir que um senso de significado compartilhado não dê a impressão de que todos os participantes devam concordar ou concordem quanto à questão em pauta. Trata-se apenas de assegurar que os participantes compartilhem de um entendimento acerca do que as pessoas que estão falando querem dizer ao fazer uso de certas palavras e frases.

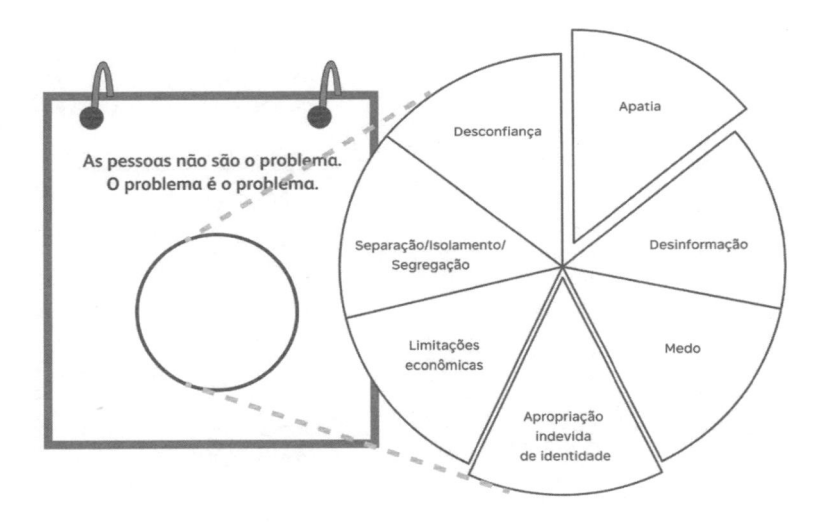

As pessoas não são o problema. O problema é o problema.

- Desconfiança
- Apatia
- Desinformação
- Medo
- Apropriação indevida de identidade
- Limitações econômicas
- Separação/Isolamento/Segregação

À medida em que os participantes tentam identificar as problemáticas, o facilitador escuta para avaliar se o que está sendo dito é a descrição de uma problemática **essencial** ou de um sintoma, que na verdade é o **resultado** de uma problemática essencial. Problemáticas essenciais frequentemente mencionadas são: medo, apatia, resignação, desinformação e separação. O coordenador as escreverá no interior do círculo. Os sintomas, resultados e produtos de uma problemática essencial ficarão fora do círculo. Algumas vezes a preocupação que está sendo externalizada pode ser a descrição de uma problemática essencial, de um resultado, ou de ambos, sendo que resultados também produzem sintomas secundários.

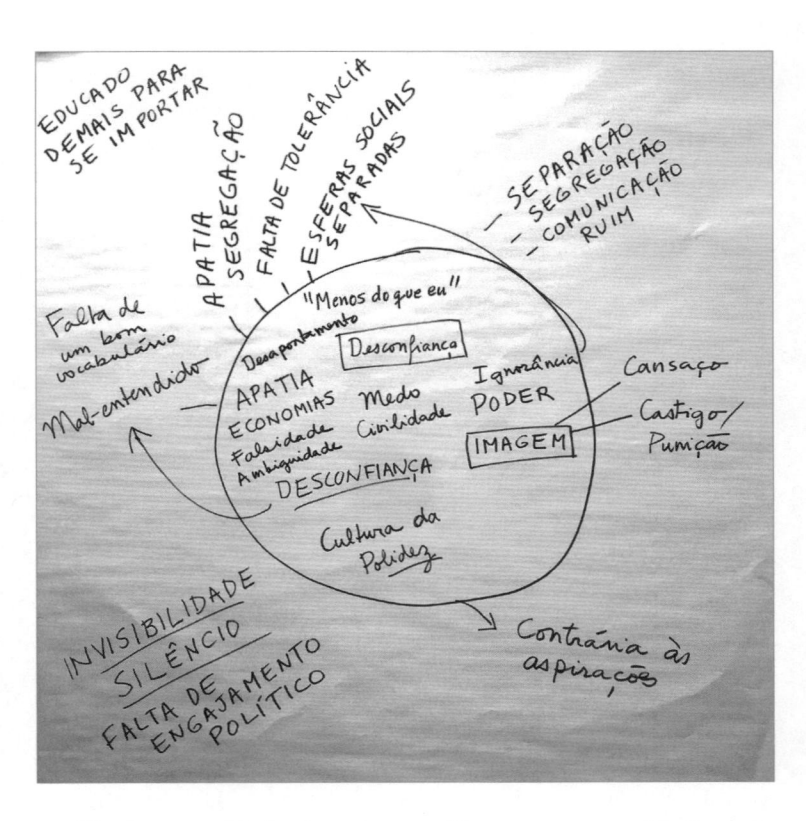

Um bom exemplo de uma questão que a comunidade pode identificar como problemática essencial e como sintoma dessa mesma problemática é a "separação". Muitos membros de dado grupo identificam configurações em que diferentes categorias de pessoas (raça, etnia, classe, religião e até faixa etária) vivem separadamente. Suas vidas cotidianas em geral acontecem em partes diferentes da cidade ou bairro, de modo que não tenham de interagir uns com os outros. Da mesma forma, em organizações, a separação ocorre entre pessoas com funções diferentes: jurídico, marketing, administrativo, e assim por diante. A separação organizacional também pode se refletir em termos de raça, gênero e ideologias. A separação parece ser a causa de muitos problemas, porque medo; desinformação; estruturas que privilegiam uma experiência ou conhecimento em prejuízo de outro; desconfiança; e assim por diante, podem emergir como resposta a ela. Outros a veem como sintoma que emerge de narrativas históricas de diferença, arranjos estruturais, pressões de classe, ou de normas governamentais que reforçam a separação. No caso de organizações, o modelo de negócios pode dar ênfase à separação. Se um participante a aponta como problemática essencial e outro a descreve como sintoma, o facilitador contribui com o fluxo da conversa ao salientar que ela pode ser ambos. O facilitador a escreverá nos dois lugares para, então, convidar os participantes a voltarem ao esforço de mapeamento.

Se uma problemática pode estar tanto fora quanto dentro do círculo, será mesmo importante o lugar em que a colocamos na representação visual da análise? Uma razão para diferenciar problemáticas essenciais de resultados é aproximar-se tanto quanto possível do **epicentro** das condições desequilibradoras. Lembrando o que foi dito antes, o epicentro é o local de origem de um terremoto. Quanto mais próximos do epicentro, mais eficazes serão os esforços de transformação.

Uma forma de distinguir se determinada problemática é uma problemática essencial ou um sintoma é perguntar aos participantes se ela é uma causa ou um efeito. Questões essenciais, tanto negativas quanto positivas, geralmente possuem um rótulo emocional – medo, apatia, amor, segurança e confiança são exemplos claros. Para ajudar a diferenciar problemáticas essenciais de resultados, o facilitador pode fazer perguntas abertas aos participantes.

- O que acontece com você no relacionamento com o outro quando o "medo" está presente?
- O que o "medo" lhe convida a fazer ou não fazer?
- O que você faz quando a "segurança" está presente, e o que você optaria por não fazer caso ela estivesse ausente?
- Quando há desinformação, como as pessoas na organização tendem a reagir?

As respostas a tais perguntas apontam para resultados, sintomas ou produtos de problemáticas essenciais. Por exemplo, os participantes podem dizer:

- *Sentir medo na presença dos meus colegas de trabalho me convida a ficar quieto e a evitar tais circunstâncias, ou mesmo evitar as pessoas* (silêncio, separação, distanciamento e ausência de comunicação são sintomas).
- *Sentir medo me convida a me proteger* (resultado: comunidades muradas, excesso de policiamento, aumento da circulação de armas de fogo, hipervigilância, aumento da ansiedade ou de atitudes defensivas, e comunicação limitada).
- *Quando a desconfiança está presente, geralmente não compartilho minhas ideias; meu supervisor, então, me avalia como alguém que não possui ideias. Quando isso acontece, a desconfiança retorna e traz à tona o ressentimento.*

De tempos em tempos, o facilitador pode auxiliar os participantes a notarem um padrão cíclico:

- **Um participante pode dizer**: *Quando o medo está presente eu me protejo; eu ligo para a polícia.*

- **O policial**: *Quando recebo uma chamada e penso no perigo potencial, o medo se torna presente; quando o medo está presente investigo a comunidade ainda mais, e é mais provável que use de força.* (Essência: medo; sintoma: vigilância aumentada e uso da força.)
- **Outro membro da comunidade**: *O medo fala mais alto quando a polícia está presente, e a desconfiança também vem à tona; tanto o medo quanto a desconfiança me fazem ficar em silêncio ou evitar a polícia, então eu fujo ou fico em silêncio. Também evito as pessoas da comunidade que chamaram a polícia e, quando as vejo, desconfiança, raiva e ressentimento são, geralmente, despertados e falam tão alto que é difícil para mim escutá-las quando dizem que se importam comigo.* (Essência: medo; sintomas: desconfiança, silêncio, distanciamento, não cooperação.)
- **O policial**: *Quando alguém foge, fica quieto ou não coopera, além do medo, a desconfiança passa a me influenciar. Desconfiança me leva a ser ainda mais vigilante, e o medo me deixa alerta para me proteger o tempo todo, o que acarreta o aumento do uso da força.* (Essência: medo; sintomas: aumento da desconfiança, aumento do policiamento e uso da força, e hipervigilância.)
- **De volta ao primeiro participante**: *Quando a polícia usa mais vigilância e mais força nas outras pessoas, a desconfiança me visita e me diz que eu tenho razão em escutar o medo; então eu chamo a polícia mais rápido e com mais frequência, e procuro manter a mim e minha família longe de todas as interações em que o medo costuma estar presente.* (Essência: medo; sintomas: desconfiança aumentada, maior dependência na vigilância e força governamentais, isolamento comunitário, distanciamento e início de uma estratégia de separação multigeracional.)

A tendência de crescimento em espiral dessas questões demonstra como é importante tentarmos, pelo menos, distinguir entre problemáticas essenciais e resultados. No exemplo acima, se a comunidade oferece pressão no sentido de diminuir a vigilância policial ou de adotar abordagens de policiamento comunitário, ela está resolvendo um sintoma, mas o aspecto essencial da problemática – medo – ainda se faz presente. Para que **todos** os membros da comunidade possam melhor gerir suas interações uns com os outros, sem medo e desconfiança, é necessário enfrentar ou alterar o ambiente no epicentro.

Ao desvelar a narrativa da problemática comunitária, não é necessário distinguir cada diferenciação de maneira exata. Não faça caso do lugar adequado de cada coisa, pois isso pode ofuscar o espírito criativo. Quando, mais tarde, forem desenvolvidos os planos de ação, certas problemáticas poderão ser reconsideradas em termos de essências ou sintomas. O mais importante é identificar como elas se conectam com as **relações de poder** que dão vida e estrutura à comunidade.

Breves linhas sobre o poder

O poder reflete a capacidade de conquistar um objetivo desejado. Em geral, o poder se caracteriza por uma das quatro modalidades seguintes:

1. **Poder sobre** é a tomada de decisão pela hierarquia, força ou repressão, frequentemente com o uso ou ameaça do uso de violência. Uma sanção econômica ou emocional também pode ser um modo de exercer poder.
2. **Poder com** é a tomada de decisão pela ação colaborativa. Aqui se reconhece o papel e o potencial das alianças. Alianças podem ser libertárias, opressivas ou simplesmente instrumentais.

3. **Poder para** é a tomada de decisão que resulta de conhecimentos, recursos e habilidades individuais e de grupo.
4. **Poder de dentro** reafirma a resiliência e a fortaleza internas como fontes da capacidade de realização.[19]

Na estrutura narrativa das CCTs, **poder** significa, conforme descrito por Michel Foucault, "ações agindo de modo indireto nas ações de outras pessoas".[20] O poder está atuante quando limita as ações de uma pessoa ou grupo. Se uma pessoa ou grupo de pessoas não reconhece certa ação como uma escolha possível, não optará por essa forma de proceder. É o poder das narrativas que leva as pessoas a se adequarem a dada narrativa sem explorar outras possibilidades.

Por exemplo, uma menina pode ser sociabilizada em uma comunidade onde todas as narrativas dominantes apresentem o papel das mulheres limitado a atividades na esfera doméstica. Sistemas, leis, padrões relacionais e até interpretações religiosas refletem isso na narração de histórias de mulheres em casa, criando os filhos, ou fazendo negócios apenas nas feiras de rua. Mesmo que uma menina goste de desenhar casas e prédios e imaginar novos modelos de escolas onde garotas poderiam se desenvolver, ela talvez não pergunte o que seria preciso para se tornar arquiteta ou designer de interiores. Nesse caso, **o poder da narrativa restritiva limita as escolhas** que ela vê para si como possíveis. Isso é um **poder limitador**. Além do mais, as instituições socializadoras pelas quais ela passa ao longo da vida – escola, núcleos religiosos, espaços de recreação e o sistema legal – reforçarão essa narrativa pela forma como colocam recursos à disposição ou estruturam as interações da criança com o mundo externo. Como uma pessoa adulta, talvez ela descreva suas ações como resultantes do seu próprio poder de escolha. Isso é verdadeiro pois, no âmbito das narrativas com as quais ela se identificou, **o poder age indiretamente** para modelar (nesse caso, para limitar) suas interações com a comunidade. O poder restritivo direciona as instituições com as quais ela pode se relacionar e influencia o modo como ela pensa suas atitudes. A menina que gosta de desenhar, mas é ajustada a uma narrativa de domesticação como sendo o papel adequado para mulheres, entenderá seu gosto pelo desenho como o sonho sobre a casa na qual ela, um dia, poderá morar. Um menino, nas mesmas circunstâncias, talvez seja incentivado a ver isso como uma casa que, um dia, possa construir para ele mesmo, mas também como vocação profissional.

É importante perceber que o poder não age apenas para restringir comportamentos. A estrutura de certas narrativas inclui, também, um poder construtivo. **O poder construtivo** influencia atitudes direcionando as pessoas a agirem de certa maneira, sejam tais ações favoráveis ou contrárias a seus interesses. Frequentemente, ao narrar uma história, um participante dirá: "Eu sei que minhas atitudes não beneficiaram a situação, mas o que mais eu poderia ter feito?" Isso é um exemplo de poder construtivo. O poder construtivo pode, também, gerar ações positivas que se refletem no modo de ser de uma pessoa ou grupo, por exemplo, se uma criança vive em uma narrativa que inclua expectativas de ir bem na escola ou de ser gentil e generosa. Ademais, o poder construtivo entra em ação se uma narrativa não oferece formas alternativas de ser, na medida em que uma pessoa nem considera a possibilidade de agir de outra maneira. Dando um exemplo pessoal, eu estava na nona série quando soube que **não** seria obrigatório cursar uma faculdade.

> Quando os participantes mapeiam a problemática estão, ao mesmo tempo, identificando os verdadeiros contornos tanto do poder **restritivo** quanto do poder **construtivo** nas narrativas comunitárias/organizacionais dominantes.

Quando os participantes descrevem resultados estão, a um só tempo, apontando para os limites e para aquilo que é necessário a fim de superar o poder restritivo – e como ativar o poder construtivo/produtivo positivo inerente a narrativas preferidas.

1.2. Mapeando os impactos das problemáticas em todas as esferas da vida.

É importante reconhecer as formas pelas quais as problemáticas impactam uma comunidade. Uma problemática essencial pode promover tanto emoções quanto efeitos práticos que afetam aspectos da vida profissional, cívica, comercial e pessoal. A fase de mapeamento envolve a elicitação* de descrições das problemáticas, ao mesmo tempo em que incentiva a visualização de respostas. A figura abaixo é uma representação esquemática do processo de mapeamento de problemáticas: situa questões essenciais no centro com quadrinhos periféricos para conectar aspectos essenciais da problemática com seus produtos, resultados e sintomas.

---

* Do latim *elicitatus* – fazer sair, atrair, evocar, provocar, obter. Tratando-se de construção de paz, este termo foi forjado por John Paul Lederach num contexto de metodologias para a transformação de conflitos, originariamente presente na publicação de 1995, *Preparing for Peace: Conflict Transformation across Cultures*. O verbo "elicitar", ou "eliciar", faz parte do vernáculo e pode significar, dentre outras coisas: "fazer sair, tirar de, extrair, evocar" (*Dicionário Houaiss da Língua Portuguesa*). [N. do T.]

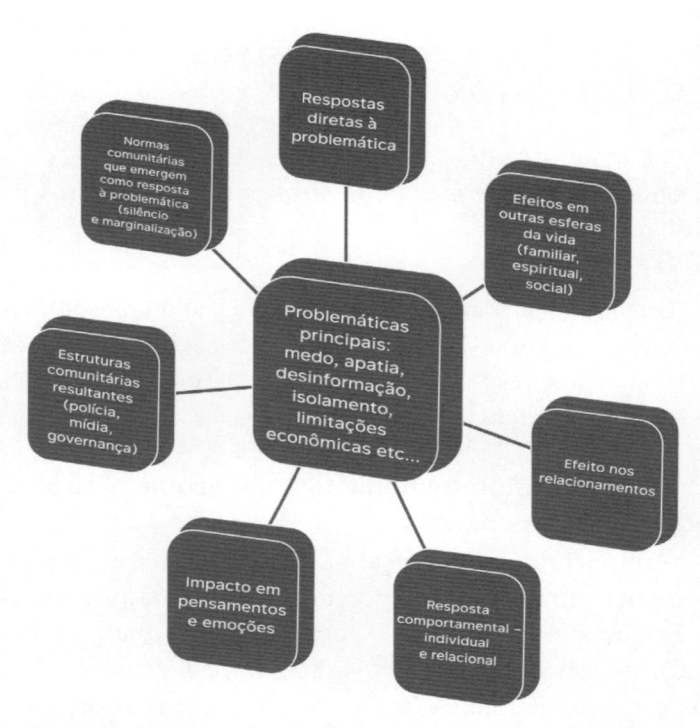

Diagrama central: **Problemáticas principais: medo, apatia, desinformação, isolamento, limitações econômicas etc...**

Ramificações:
- Respostas diretas à problemática
- Normas comunitárias que emergem como resposta à problemática (silêncio e marginalização)
- Efeitos em outras esferas da vida (familiar, espiritual, social)
- Estruturas comunitárias resultantes (polícia, mídia, governança)
- Efeito nos relacionamentos
- Impacto em pensamentos e emoções
- Resposta comportamental – individual e relacional

Um mapeamento completo pode, também, refletir sintomas de segunda e terceira ordem:

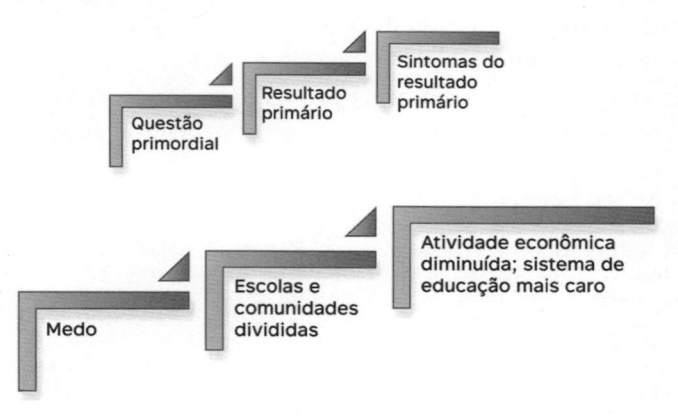

Questão primordial → Resultado primário → Sintomas do resultado primário

Medo → Escolas e comunidades divididas → Atividade econômica diminuída; sistema de educação mais caro

Geralmente, o mapeamento revela como duas ou mais problemáticas essenciais produzem um grande sintoma:

- Desrespeito administrativo
- Livros escolares que marginalizam certos grupos
- Bullying e violência
- Currículo escolar irrelevante
- Altos níveis de evasão/absenteísmo escolar

No exemplo de altos níveis de evasão (acima), as soluções costumam se concentrar em esforços para "consertar" as crianças que estão abandonando a escola. Contudo, se partirmos do "mantra" da CCT – **pessoas não são o problema, o problema é o problema** –, então a criação de um processo inclusivo no qual diversas vozes, em especial aquelas diretamente impactadas, passam a identificar as problemáticas, proporcionará o afloramento de uma solução diferente.

No processo de mapeamento dos impactos da problemática, é fácil passarem despercebidas certas questões essenciais. O cuidado na consideração de cada questão essencial e seus impactos oferecerá aos participantes uma descrição narrativa rica e bem representada de sua condição. Para perceber a total dimensão dos impactos das problemáticas essenciais em uma comunidade, o facilitador provoca os participantes com perguntas como:

- Quando o medo está presente, o que ele lhe convida a fazer ou dizer?
- Quando há apatia no recinto, como você age?
- Você responde à apatia da mesma maneira que o fazem outras pessoas?
- Poderia citar alguns exemplos de como a divisão impacta **seus** pensamentos, ações, emoções ou a vida da comunidade em geral?
- Qual seria um exemplo de como a presença do medo e da desinformação impacta o seu comportamento?

As perguntas acima **ligam os problemas essenciais às ações e experiências resultantes**. A capacidade do processo de investigação da CCT com vistas ao desenho de estratégias transformativas será limitada, caso não se incentive os participantes a dar exemplos específicos. As problemáticas formam um complexo entremeado e, portanto, é improvável que se consiga destacar um resultado específico como produto único para qualquer condição problemática isolada. Mesmo assim, é importante que os participantes ofereçam uma textura pessoal às suas experiências no esforço de se estabelecer conexões.

> Participantes são incentivados a usar exemplos específicos.

A estrutura das perguntas acima possibilita **uma oportunidade para os participantes olharem tanto para janelas quanto para espelhos**, ou seja, olhar para fora da sua própria experiência, assim como olhar para elas mesmas, com algum distanciamento. O conjunto de problemáticas essenciais e de sintomas pode, em pouco tempo, ser descrito de modo narrativo (veja etapa 1.3). À medida que se desenvolve uma narrativa, convém que o facilitador compartilhe a narrativa parcial para continuar elicitando contribuições.

O processo de elicitação deve continuar por algum tempo. Uma vez que as pessoas adotem uma nova forma de refletir sobre as experiências vividas, o passar do tempo permitirá que as partilhas se tornem cada vez mais profundas. Durante o processo de mapeamento é importante que o facilitador reconte as problemáticas com seus respectivos resultados.

> A paciência é uma virtude no processo de desenvolvimento de narrativas.

Aos poucos, uma narrativa comunitária tomará forma. Cada participante poderá pessoalmente nomear uma ou mais problemáticas. Cada um também confirmará aquelas explicitadas por outras pessoas, ao descrever os impactos que essas outras problemáticas têm em sua vida. O processo de mapeamento diz respeito ao posicionamento da história de cada pessoa nos limites da narrativa comunitária maior. As experiências pessoais, tingidas por identidades múltiplas que se intersectam, formam os contornos da narrativa maior.

1.3. Sumarizando os impactos das narrativas dominantes.

Um mapeamento rico e pleno deve incluir uma investigação sobre a maneira como as problemáticas essenciais impactam a vida comunitária e organizacional, assim como a qualidade de vida dos participantes. Estes, geralmente, sentem-se mais confortáveis descrevendo coisas que afetam a organização ou comunidade da qual fazem parte. Impactos na vida pessoal ficam mais velados. Desvendá-los demanda um pouco mais de esforço. Para auxiliar na tomada de uma postura mais pessoal por parte do grupo, o facilitador pode perguntar: "Além dos impactos diretos na sua vida comunitária, de que modo o medo ou apatia ou desinformação (nomear alguns problemas essenciais) afetam seus relacionamentos pessoais?" É importante dar aos participantes alguns momentos para refletirem em silêncio sobre tais indagações. Exemplos de perguntas que trazem à tona impactos velados:

- "De que modo a apatia que você sente pelo sistema de ensino altera o relacionamento com seus filhos ou netos no tocante à educação deles?" Se você tem pouca estima pelas escolas, por exemplo, em que medida isso impacta o seu envolvimento com as tarefas de casa e atividades extraclasse, ou sua participação nos conselhos escolares e reuniões de pais e mestres?
- "Em que circunstâncias a falta de informação e o desconforto em certos contextos podem impactar sua vida social?"
- "Se você vê a comunidade de modo diferente que seu cônjuge ou parentes próximos, como isso pode afetar o relacionamento que tem com eles?"

Perguntas podem ser dirigidas a grandes grupos. Também podem ser colocadas em grupos menores, de duas a quatro pessoas. **Em um pequeno grupo, o facilitador pode propor um tempo de reflexão:**

- "Cada um tem três minutos para compartilhar uma história sobre como uma ou mais problemáticas nomeadas têm proporcionado um **impacto velado** em sua vida."

A colheita de sentimentos e insights pela partilha de impactos velados pode acrescentar outra camada de nuanças e texturas ao entendimento da narrativa comunitária dominante.

Exemplo de uma narrativa comunitária rica

Após mapear as problemáticas, o facilitador devolve ao grupo uma narrativa resumida. Em Greensboro, por exemplo, depois de um período de duas horas de exploração, o facilitador pôde devolver aos participantes o início de uma narrativa comunitária. Conforme a narrativa era apresentada, o facilitador indicava as contribuições diretas que os participantes tinham feito – e estes ouviam suas histórias como parte da narrativa maior:

E = problemática essencial (escrita no centro do círculo)
S = resultado, sintoma, consequência da problemática (escrito fora do círculo)

Facilitador: Há medo (e), possivelmente alguma ignorância (e), e desconfiança (e). Há ambiguidade (e) em torno da imagem de uma mística progressista (s). E se você questiona essa imagem, há, então, uma reação de toda a estrutura de poder que busca preservar essa imagem em particular (s). Então, existe um desgaste (s) resultante disso. Essa desconfiança (e), isolamento (e), o poder, os resultados do medo (e), e algumas coisas que isso produz, são: separação (s), blindagens (s), comunicação ineficaz (s), esferas sociais separadas (s), indisposição ou falta de tolerância perante outros (s), uma espécie de segregação (s), uma apatia, toda uma comunidade que é

> "educada demais para se incomodar" (s) com esse tipo de preocupação. Um pouco dessas coisas – o medo (e), a desconfiança (e), a incapacidade de conexão (s) – também resulta na falta de um bom vocabulário (s) para se relacionar com o outro e continuar processando tudo isso, então há uma incompreensão constante (s) que diz a algumas pessoas: "Você é menos do que eu"(s). E, então, há certos grupos para os quais os resultados são silenciamento (s), falta de comprometimento político (s) e até invisibilidade (s); e tudo isso cria, em certa medida, uma atmosfera contrária às aspirações (s).

Após o facilitador resumir a narrativa dominante, são exploradas histórias alternativas.

1.4. Mapeamento reverso: identificando desfechos específicos como base para uma história alternativa.

Quando pessoas vivem ou trabalham em circunstâncias difíceis por muito tempo, a dificuldade com frequência assume um papel central no modo como as experiências de dado contexto são descritas. Quando as pessoas falam de um ambiente de trabalho tóxico, as narrativas são, em geral, comprimidas. O relato da história foca, de modo consistente, a disfuncionalidade, o sofrimento, a frustração. Quando as pessoas falam sobre desigualdades persistentes numa comunidade, as narrativas, usualmente, se comprimem em torno da culpa e da dor. Essas narrativas, por sua vez, influenciarão o comportamento das pessoas em dado contexto.

O poder das narrativas é que elas podem limitar ou liberar a amplitude de ações disponíveis. Quando narrativas moldadas por conflitos negativos dominam um contexto, relacionamentos doentios se estabilizam e parecem inalteráveis. Na medida em que novos membros são trazidos a uma organização ou comunidade, eles são recrutados para um ou outro lado da narrativa de um conflito. Amiúde eles são ensinados a agir (treinamento/ orientação), embora as narrativas que dão forma a tais ações permaneçam

> Narrativas alternativas criam esperança.

invisíveis. A atividade central do processo de CCT é permitir aos participantes que revelem diferentes experiências e ações contrárias à narrativa dominante. As narrativas alternativas oferecem esperança de que a transformação é possível.

Narrativas alternativas descrevem **desfechos únicos** e são a base para a transformação de um contexto. No esforço de procurar narrativas alternativas ou desfechos únicos, Michael White, um assistente social e pioneiro em processos de terapia narrativa, incentiva facilitadores a escolherem uma experiência recente.[21] Um evento recente auxilia o contador da história a perceber que é possível colocar em prática narrativas diferentes. Reconhecer alternativas no passado recente faz crescer o impulso para identificar outros desfechos únicos. Múltiplos desfechos únicos criam muitos pontos sobre os quais uma narrativa alternativa pode ser construída. A presença de mais pontos únicos, em especial se forem diversos e recentes, permite o desenvolvimento de uma ou mais narrativas alternativas bem ricas. Além disso, qualquer conjunto de desfechos únicos pode ser ligado a uma variedade de formas para dar vida a mais de uma narrativa alternativa.

1.5. Comparando narrativas dominantes e alternativas.

As pessoas vivem entrando em histórias. Quando a experiência vivida por elas em uma comunidade ou organização é dominada por uma narrativa restritiva, muitas vezes não percebem alternativas de ação, e perdem a esperança de mudança. A maioria dos sistemas, estruturas e padrões relacionais existe dentro da lógica de uma forma particular e dominante de pensar. Geralmente é difícil descobrir outras opções de ação. Quando desfechos únicos são trazidos à tona e reunidos de maneira a sustentar uma narrativa diferente da narrativa problema dominante, as pessoas conseguem imaginar diferentes formas de ação. Se uma narrativa alternativa é desenhada a partir de experiências únicas da comunidade (mesmo que raras ou incomuns), mais maneiras transformativas de ser e agir se tornam acessíveis e críveis. **A construção de narrativas alternativas se torna o ponto de partida para se considerar novas formas de ação. Este é um propósito primário do método CCT.** Assim que mais de uma narrativa alternativa tenha sido desenvolvida, é fundamental que os participantes comecem a anunciar sua narrativa preferida.

CONCLUSÃO

Por intermédio de paciência e facilitação cuidadosa, os participantes compartilharam problemáticas essenciais, resultados e impactos. O facilitador retratou visualmente ou mapeou suas respostas. Os participantes descreveram as influências do poder restritivo e do poder construtivo. O facilitador sumarizou as informações oferecidas na forma de uma narrativa dominante. O facilitador, então, convidou os participantes a refletirem sobre desfechos únicos de narrativas alternativas, mais esperançosas. O próximo capítulo ingressará nas etapas de determinação das narrativas preferidas dos participantes da CCT, com o intuito de construir um plano de ação ou uma estratégia transformativa.

O modelo CCT – Parte 2:
Do mapeamento ao planejamento da ação

Os participantes já identificaram uma ou mais narrativas alternativas, diferentes das narrativas dominantes. O próximo passo é ajudá-los a escolher. A narrativa alternativa selecionada deve indicar claramente novas formas de ação.

2. ESCOLHA DAS NARRATIVAS PREFERIDAS DOS PARTICIPANTES*

É importante que os participantes digam quais são suas preferências dentre as narrativas alternativas disponíveis. Em geral os participantes ressaltarão que suas escolhas parecem "óbvias". É responsabilidade dos facilitadores relembrá-los que toda atitude que eles adotam – em termos de relacionamentos, uso de recursos e formas pelas quais interagem com ou aceitam os sistemas vigentes – pode ser entendida como expressão de preferência por uma dada narrativa:

> "Sempre que você se permite ficar silente em resposta à presença do medo ou da incompreensão ou da civilidade, ou escolhe não interagir com certas pessoas ou lugares, você está escolhendo uma narrativa em detrimento de outra."

---

* O item 1 foi abordado na Parte 1 do modelo CCT, capítulo 5. [N. do R.]

Para fortalecer o relacionamento com a narrativa preferida, o facilitador deveria fazer a narrativa alternativa mais presente:

> "Se essa narrativa se tornasse a narrativa dominante da organização, o que ela viabilizaria, que hoje não é possível?"
>
> "Quais decisões específicas você poderia tomar se essa narrativa fosse a dominante ao invés daquela?"

A tendência é que os participantes ofereçam respostas esplêndidas, amplas e um pouco vagas, algo que um colega meu chama de *"glittering fuzzballs"** como: "Teríamos mais confiança", ou "Usufruiríamos mais da presença uns dos outros", ou "Teríamos menos medo e seríamos menos violentos". Para tornar a narrativa alternativa algo real, ou pelo menos mais convincente, é importante que o facilitador pergunte por ações e desfechos específicos.

> "O que você faria, mais especificamente, caso a confiança estivesse presente com mais frequência?"
>
> "Se o medo não fosse tão disseminado durante reuniões de equipe, mencione duas ações específicas que estaria disposto a fazer para transmitir às pessoas que você está agindo sem a influência do medo ou da desconfiança?"

Essencialmente, o facilitador está auxiliando os participantes a mapear os impactos potenciais de uma narrativa alternativa.

---

* Algo que é brilhante, porém sem forma definida. [N. do T.]

"Se a pessoa agisse dessa maneira para demonstrar que não está dando ouvidos ao medo nem se escondendo atrás da desconfiança, o que você estaria disposto a fazer para incentivar um novo padrão relacional?"

As perguntas que os facilitadores propõem para tornar as narrativas alternativas vivas e reais também ajudam na transição do processo para a construção de um plano de ação. A transformação almejada pelas CCTs visa a mudança de cultura, uma nova forma de fazer as coisas, e uma nova forma de se relacionar. Quando se desenvolve uma narrativa alternativa, escolhida com consciência, e reforçada – no sentido de evidenciada – de maneira deliberada, coletiva e colaborativamente, a conversa se tornará ação transformativa.

3. CONSTRUINDO UMA ESTRATÉGIA DE TRANSFORMAÇÃO

A fase final do processo de CCT é a construção de um plano de ação. O plano de ação deve, deliberada e estrategicamente, reforçar as escolhas necessárias para que os participantes transitem para uma nova narrativa alternativa preferida. É importante nomear uma narrativa alternativa, porém apenas nomear é insuficiente para fazer acontecer a transformação. Lembre-se que conversas desaparecem; como resultado, ações que se alinham e reproduzem narrativas dominantes se tornam um hábito ao longo do tempo. Para substituir um conjunto de hábitos por outro, muitos lembretes e reforços serão necessários.

> Narrativas preferidas são a base para uma estratégia de transformação.

A cultura pode ser alterada e novos hábitos formados pela:

- mudança de padrões relacionais;
- realocação/redistribuição de recursos; e
- reformulação de estruturas.

Planos de ação deveriam responder às problemáticas essenciais que movem a narrativa dominante e os principais valores que sustentam as narrativas alternativas.

> "Quais são as mudanças de relacionamento, de recursos e estruturais necessárias para eliminar ou mitigar os efeitos das problemáticas essenciais, e para produzir ou amplificar os efeitos dos motivadores centrais das alternativas?"

As narrativas são produzidas e reproduzidas não apenas como discursos e pensamentos, mas também pelo poder limitador e construtivo de estruturas e sistemas. As estruturas organizam as interações entre as pessoas. O desenvolvimento de um plano de ação efetivo é um processo que demandará alguns, quando não muitos, encontros. Depois da primeira e da segunda etapas da conferência (Mapeamento de narrativas e Escolha das narrativas preferidas dos participantes), às vezes é útil dar aos participantes uma oportunidade de retornar à sua rotina de trabalho ou de vida com a tarefa explícita de pensarem sobre versões da pergunta acima, tais como:

> "Para quais relacionamentos, recursos e estruturas devemos dirigir nossa atenção com o intuito de reduzir a narrativa dominante e aumentar a narrativa preferida?"

"Quais relacionamentos, recursos e estruturas necessitamos transformar para que as pessoas tenham mais condições de tomar decisões em harmonia com a narrativa preferida?"

Graças à clareza narrativa constituída durante a CCT, às conexões feitas entre certas narrativas no tocante a relacionamentos, recursos e estruturas, a estratégia transformativa mais impactante e que faz mais sentido surgirá ao longo do tempo. Na medida em que os participantes respondem às perguntas acima, é provável que passem a refletir sobre outras estratégias apropriadas de desenvolvimentos organizacional, de cura e de educação necessárias para operar mudanças. Ao colher as respostas dos participantes às perguntas sobre padrões relacionais, realocação ou redistribuição de recursos, e reformulação de estruturas, o facilitador constrói a estratégia de transformação.

> Fica mais fácil mudar estruturas rígidas de poder quando uma narrativa alternativa provê uma base lógica. Portanto, narrativas alternativas apropriadas oferecem força a planos de ação concretos.

O próximo capítulo discutirá as habilidades necessárias para uma facilitação de sucesso. Algumas são habilidades básicas de facilitação. Outras são particulares aos aspectos narrativos das CCTs.

Sumário de um processo de CCT

Estágio do Processo	Atividades-chave	Questões centrais
Convocação	– Identificar o espectro mais amplo de vozes comunitárias ou organizacionais. – Reunir lideranças de grupos para fazer a ponte entre linhas divisórias.	– Quem é diretamente impactado? – Quem está na periferia? – Quem não está consciente do que se passa? – Você está disposto a buscar transformação?
Externalização/ Mapeamento	– Preparar para narrativa altamente imbricada e interseccionada. – Distinguir entre o entendimento da problemática e as pessoas.	– Se as pessoas não são o problema, e o problema é o problema, como você o descreveria? – Conforme você reflete sobre as problemáticas que foram nomeadas, como elas impactam o seu dia a dia e os relacionamentos com sua família, amigos e colegas?
Compartilhamento de histórias	– Permitir que os participantes considerem a problemática por intermédio de espelhos e janelas. – Considerar os impactos pessoais a partir de uma visão externalizada e objetiva. – Perceber como outros são impactados e como respondem ao mesmo estímulo.	– Como a problemática afeta e move você? – Para além dos impactos imediatos, em quais outras esferas da sua vida você vê o impacto da problemática e a resposta a ela? – Na presença de ___ (qualquer problemática, ou uma combinação de várias), o que você se sente convidado, ou não, a fazer, dizer, pensar?

Estágio do Processo	Atividades-chave	Questões centrais
Mapeamento reverso	– Descobrir a presença de qualidades e condições (desfechos únicos) que sustentam narrativas alternativas.	– Há momentos ou experiências nas quais a problemática estava presente, mas as pessoas agiram de maneiras inesperadas? – Há desfechos que parecem não ser influenciados pelas problemáticas listadas? – O que você acha que pode vir a produzir possíveis desfechos únicos?
Escolha de uma narrativa preferida		– Há pelo menos duas narrativas bem definidas nas quais as pessoas na comunidade/organização vivem; se você pudesse escolher entre elas, qual seria a sua preferência?
Construção de uma estratégia transformativa	– Construir um plano de ação para promover a narrativa preferida.	– Quais são os relacionamentos, recursos e estruturas que precisariam ser transformados para que viver na narrativa preferida se torne um hábito?

HABILIDADES DO FACILITADOR DE CONFERÊNCIA COMUNITÁRIA TRANSFORMATIVA

Facilitadores de Conferências Comunitárias Transformativas não necessitam de treinamento especializado. Contudo, há certas práticas de facilitação que são úteis para um processo baseado em narrativas. Algumas dessas práticas estão sintetizadas neste capítulo. Para o facilitador que deseja um contato prático e teórico mais profundo com facilitação narrativa, há muitas outras fontes.[22]

ENGAJAMENTO FACILITADO

O facilitador tem como responsabilidade primordial o gerenciamento do conteúdo de uma CCT. Em geral os facilitadores possuem alguma experiência acerca das problemáticas da comunidade.

As ações do facilitador não são "neutras". Ele direciona o modo como as histórias são contadas. Isso demonstra um desafio: assegurar-se de que o facilitador resista à tentação de contar sua própria história, ou de permitir que a conversa foque no que seja do seu interesse particular. Ele deveria proporcionar clareza, mas ao mesmo tempo desconstruir ou descomprimir uma narrativa para permitir aos participantes que identifiquem aberturas adicionais para ações ou para mais conversas.²³ São muitas as estratégias que o facilitador pode utilizar para levar uma CCT adiante.

Três estratégias de facilitação:
1. Reflexão desconstrutiva
2. Escuta dupla
3. Nomear ideias **ausentes**, porém **implícitas**.

1. REFLEXÃO DESCONSTRUTIVA

O primeiro estilo de intervenção do facilitador, a **reflexão desconstrutiva**, envolve o uso, tanto quanto possível, das palavras dos próprios participantes para levá-los a examinar **o significado** de suas palavras. Por exemplo, a interação a seguir ocorreu durante uma das CCTs de Greensboro. Durante a rodada de ensaio da CCT, um participante tentava descrever o que o grupo via como sendo a problemática, conforme testemunhada a partir do **terceiro objeto** (no caso, uma peça de teatro). A desconstrução, ou decupagem, de termos comumente usados permitiu que o participante, fazendo uso da palavra, se fizesse claro; permitiu à audiência (outros participantes) apreciar todas as nuances das palavras de quem estava falando, e permitiu ao facilitador evitar a inserção da sua própria interpretação à narrativa da comunidade:

> **Participante** [em resposta ao pedido do facilitador de se nomear a problemática]: *Dinheiro, dinheiro.*
> **Facilitador**: *Dinheiro?*
> **Participante**: *Todo mundo está funcionando [a partir] de um medo de não ser pago, de não ter um emprego, querendo ter dinheiro, ter uma graninha para alguma coisa... É o capitalismo; o comércio é um grande problema.*

Facilitador: *Ok, no começo você falou sobre "dinheiro" e depois do medo, mas é algo diferente. Na verdade, não é somente medo; há algum medo mais específico ou outra coisa?*
Participante: *Outra coisa, sim, é que... eles trabalham num sistema. Eles trabalham em um sistema no qual têm que se comportar de uma determinada maneira para garantir sucesso financeiro.*
Facilitador: *Ok.*
Participante: *Ou sobrevivência financeira; talvez haja diversos níveis de sucesso.*
Facilitador: *Certo, porque estou tentando ter certeza de que eu não estou impondo meus próprios significados. Então, você ainda diria que o problema é melhor descrito como "dinheiro"? Você rotularia como dinheiro, e seria o suficiente para deixar as coisas claras para você, ou tem algo a mais?*
Participante: *Há um sistema capitalista. Talvez eu escolha "capitalismo" no lugar de dinheiro. Não... Veja... Eu não quero ver as palavras referenciadas como minhas!*
[Risos no grupo.]
Facilitador: *Tudo bem.*

Na conversa, "dinheiro" possuía múltiplos significados. Cada significado – sobrevivência financeira, moeda, capitalismo, comércio e salário baixo – sugeriria diferentes histórias, diferentes fluxos narrativos, a serem interpretados por outros participantes. Convidar o participante a nomear todos os significados permitiu aos outros se conectarem a qualquer significado que ecoasse mais em seu íntimo. Ao mesmo tempo, nesse exemplo, a desconstrução reflexiva ajudou a evitar o problema de o facilitador impor sua própria interpretação dentre os possíveis significados.

Outra manifestação da mesma etapa do processo de Greensboro demonstra como a reflexão desconstrutiva pode oferecer profundidade e textura ao processo de mapeamento. Nesse exemplo, o participante tenta caracterizar a problemática em referência às ações de um dos principais personagens da peça, Will Etta:

> **Participante**: *Eu escrevi* [em resposta ao pedido de se nomear o problema] *"experiência pessoal vs. visões convencionais".*
> **Facilitador**: *Experiência pessoal vs. visões convencionais?*
> **Participante**: *É.*
> **Facilitador**: *Fale mais sobre isso.*
> **Participante**: *Bem, eu penso mais no que a Will Etta fez, e da versão dela de autenticidade* versus *como o diretor pensa que ela deveria ser.*
> **Facilitador**: *Ok.*
> **Participante**: *E eles estão, ambos, tentando acomodar o que seria melhor para a peça de teatro, mas o diretor baseia sua direção numa visão convencional* [de mulher negra] *vs. a real experiência de Will Etta de quem ela é.*
> **Facilitador**: *Ok, então faça a distinção entre isso e a "inautenticidade" que foi trazida à tona antes* [por outro participante que usou esse termo para descrever a problemática].
> **Participante**: *Ah, eu acho que... eu acho que há várias intersecções, mas...*
> **Facilitador**: *Ok.*
> **Participante**: *Eu acho que o que eu estou dizendo sobre a inautenticidade... eu vejo que o que eu rotulo como "visão convencional" é a causa para a inautenticidade.*
> **Facilitador**: *Certo.*

A conversa permitiu ao facilitador basear-se nas reais palavras do participante, ao mesmo tempo em que evidenciou, para aquele que estava falando e para os demais, o fato de a linguagem transmitir diferentes ideias. A conversa também viabilizou um mapeamento mais matizado das problemáticas. Uma vez que o participante descreveu a relação entre a sua ideia e uma outra ideia trazida anteriormente, o grupo pôde notar como visões convencionais eram uma fonte de inautenticidade. Depois dessa conversa, um facilitador poderia escrever no *flipchart*:

1. "Visões convencionais *vs.* experiência pessoal" – registrado como uma causa na borda do círculo.
2. "Inautenticidade" – fora do círculo.

Nesse exemplo, "visões convencionais *vs.* experiência pessoal" é algo que ainda precisa estar enraizado em uma problemática essencial. Mais tarde, quando do mapeamento dos impactos, o facilitador exploraria junto com os participantes de onde vem a distinção "visões" *vs.* "experiência" (*i.e.*, talvez medo, isolamento ou desinformação).

Em suma, a reflexão desconstrutiva é uma estratégia de facilitação, na qual o facilitador utiliza as próprias palavras de um participante como maneira de chegar a uma explicação sobre o significado das palavras usadas, para o benefício de quem fala e para a clareza dos outros participantes e do facilitador.

2. ESCUTA DUPLA

Uma segunda estratégia, a **escuta dupla**, é uma importante ferramenta para convidar os participantes a permanecerem atentos tanto às problemáticas que eles nomeiam quanto às formas de resiliência utilizadas para responder às restrições de uma narrativa dominante. Michael White[24] nos lembra que a vida de qualquer pessoa poderia ser contada por mais de uma história. Frequentemente, quando uma pessoa está contando uma história que expressa uma narrativa problemática, quem está escutando não dá ouvidos a outras histórias mais esperançosas que também poderiam ser contadas como, por exemplo, no caso de alguém que demonstrou resiliência, criatividade e força diante das dificuldades. Ao dar espaço para outras formas de se contar uma história, incluindo algumas estratégias de resposta à problemática trazidas por algum participante, o facilitador auxilia tanto quem conta como quem escuta a perceberem que eles não estão integralmente representados por uma narrativa problemática.

> A vida de qualquer pessoa poderia ser contada por mais de uma história.

A ideia não é interromper ou minimizar o impacto de uma problemática, no entanto de vez em quando é útil permitir que quem conta e quem escuta escapem para além dos limites impostos por uma narrativa problemática. Outros participantes devem ter a oportunidade de conhecer as pessoas para além das suas histórias de opressão ou privilégio. Ao incentivar a escuta dupla, o facilitador provê espelhos e janelas – espelhos para quem fala se enxergar além das constrições de uma história específica, e janelas para que outras pessoas olhem e também vejam mais coisas.

3. NOMEAR IDEIAS AUSENTES, PORÉM IMPLÍCITAS

Uma terceira estratégia para facilitadores é nomear o que está **ausente porém implícito** nas ideias em discussão. Isso é um outro aspecto da escuta dupla.

Jill Freedman resume o que Michael White diz a esse respeito:

> [...] uma única descrição de qualquer experiência pode ser considerada como o lado visível de uma descrição dupla, e a história sobre um problema é construída pela comparação com alguma experiência que é preferida e, geralmente, muito estimada. Se escutarmos com cuidado, utilizando o que White chamou de "escuta dupla", podemos ouvir as implicações das experiências que estão sendo desenhadas para fazer uma distinção com base na experiência presente. Essas experiências implícitas são uma fonte rica de histórias alternativas. [...] White chama esse tipo de inquirição de escuta do **ausente porém implícito**. Como exemplos, White listou vários significados que podemos entender como implícitos nos discernimentos das pessoas.[25]

O discernimento sobre:	Torna-se possível por causa de
Frustração	– Propósitos, valores e crenças específicas.
Desespero	– Esperanças, sonhos e visões de futuro particulares.
Injustiça	– Concepções específicas de como seria um mundo justo.
Mágoa	– Noções específicas de cura e inteireza.

Adaptado de White, M. (2003), "Narrative practice and community assignments", *International Journal of Narrative Therapy and Community Work*. (2) p. 17–55.

É importante identificar o que está ausente porém implícito, pois muitas vezes encontramos o sentido de nossas circunstâncias através de referências ao invisível e, portanto, através daquilo que não foi examinado. Diferente das formas tradicionais de escuta e reflexão atenta, nas quais um facilitador repete ou parafraseia o que foi dito, **essa prática requer a identificação do que não foi dito, mas que é essencial para dar sentido ao que foi dito.**

As pessoas vivem em histórias que estão em conformidade com narrativas mais abrangentes. No intuito de criar opções futuras, que em um dado presente não parecem possíveis, as narrativas e histórias têm que ser transformadas. Com frequência, no esforço de mudança comunitária, haverá uma tentativa de alterar apenas a narrativa ou as histórias. As ideias ausentes porém implícitas estão invisíveis e são, na maioria das vezes, tratadas como "a realidade". No intuito de descortinar a transformação mais extensa possível, não apenas as narrativas visíveis devem ser enfrentadas, mas também as ideias que usualmente estão invisíveis precisam se tornar disponíveis para a reflexão desconstrutiva.

Há três passos envolvidos na revelação de ideias ausentes porém implícitas:

1. Esclarecer com quem fala se o que está implícito no que foi dito é o que ele realmente queria deixar implícito;
2. Tornar as implicações visíveis aos outros participantes, tanto para insights quanto para abrir e criar a possibilidade de afirmação ou reflexão desconstrutiva;
3. Quando mais de uma ideia pode estar implícita, é útil ao grupo determinar que implicações (anteriormente invisíveis) seriam importantes para o planejamento da ação; qual implicação dá ensejo à maior transformação.

COMO UM FACILITADOR ESCUTA, IDENTIFICA E REELABORA UMA HISTÓRIA ALTERNATIVA

a) **Escute para descobrir posicionamentos.** Dentro da história-problema as pessoas recebem e adotam posições, personagens e elementos do enredo. A maneira pela qual as pessoas se posicionam ao longo do caminho molda sua linguagem e performance. Se for possível alterar tais posições, os enredos e atuações poderão mudar também. Quando as pessoas contam uma história a respeito de si mesmas ou de outras pessoas, é importante perguntar: "Quem é você nesta história?" Por exemplo, se uma avó escolhe, devido à presença do medo, não cooperar com um policial que quer falar com seu neto, ela pode ser identificada na narrativa do policial como uma pessoa obstrutiva que, de alguma forma, reitera maus comportamentos. Na verdade, os policiais podem até caracterizá-la como **cúmplice de um crime.** Se na versão policial da história ela está posicionada como cúmplice de um crime, há maior probabilidade de a polícia reagir a ela com menos respeito e ouvi-la através de um filtro de desconfiança. Se a história for alterada, em vez de caracterizar os policiais como pessoas que querem causar mal, e a avó passar a entender que eles percebem o neto como sendo influenciado por elementos que talvez não sejam saudáveis, tanto os policiais quanto a avó podem se reposicionar como agentes que utilizarão os recursos que cada um tem à disposição para proteger o menor.

b) **Identifique aberturas para uma história alternativa.** Na busca por oportunidades para transformar uma história escutamos o que é dito (a história-problema) e, também, o que não foi dito (escuta dupla).

O objetivo é descobrir elementos que sirvam de base para construir uma narrativa alternativa preferida. Por exemplo, no meio de um debate comunitário sobre um novo projeto de desenvolvimento muitos membros da comunidade sentem-se frustrados, pois percebem os membros do conselho, que são os tomadores de decisão, como mal-informados. A narrativa limitada sustentada pelos membros do conselho lamentavelmente apresenta os membros da comunidade como "ativistas em protesto", muito embora, na verdade, a urgência expressa por estes reflete um profundo comprometimento para tornar o processo decisório ainda mais bem-sucedido. Ao inquirir se já houve algum desfecho único no qual um "protesto" ou testemunho proporcionou aos membros do conselho informações adicionais que permitiram chegar a decisões melhores, o facilitador cria uma abertura para uma história alternativa sobre as ações dos membros da comunidade.

c) **Reelabore a história do relacionamento.** Com base na recém revelada história alternativa, existe a possibilidade de se contar uma nova história sobre o relacionamento. A nova história do relacionamento não é afetada pelo poder limitante da história anterior. Por exemplo, no desentendimento mencionado acima (b), entre membros do conselho comunitário, se o relacionamento passar a ser considerado como sendo de tomadores de decisão que agora recebem "propostas e impressões dos membros da comunidade" – ao invés de "preocupações e protestos" – então, embora a estrutura das interações possa permanecer a mesma, a narrativa renovada ajuda a promover uma escuta melhor.

CONCLUSÃO

A facilitação da CCT demanda as habilidades de reflexão desconstrutiva, de escuta dupla e de nomear ideias ausentes porém implícitas. O objetivo do uso dessas habilidades é a escuta dos posicionamentos, a identificação de aberturas para uma história alternativa e a reelaboração das histórias dos relacionamentos. Fundamentalmente, ao fazer uso de tais habilidades, os facilitadores terão a possibilidade de transformar problemáticas em narrativas preferidas. O próximo capítulo explica como a CCT funciona.

8

Conferência Comunitária Transformativa em Ação

O modelo de engajamento das Conferências Comunitárias Transformativas é algo novo e em desenvolvimento. O modelo emergiu a partir de esforços para a aplicação de práticas restaurativas junto com conhecimentos atuais sobre o papel das narrativas na estruturação e transformação da vida das pessoas. Neste capítulo há três breves descrições de aplicações iniciais do processo: dois exemplos comunitários e um organizacional. A intenção é inspirar a imaginação do leitor, e não sugerir que há apenas determinadas maneiras de se aplicar o modelo CCT.

VIOLÊNCIA RACIAL EM GREENSBORO, CAROLINA DO NORTE

Greensboro foi fundada em 1808 como capital do Condado de Guilford, no estado da Carolina do Norte. Desde a sua fundação, a cidade tem sido uma comunidade na encruzilhada. Importante junção ferroviária para o escoamento fabril e o trânsito de passageiros, cidade intensamente industrializada com produção têxtil e de celulose, e com significativa atividade agrícola, Greensboro também se estabeleceu na vanguarda do escravagismo e da liberdade. Mesmo tendo sido uma cidade no sul escravagista estadunidense, o primeiro censo em 1829 registrou 369 residentes brancos, 101 escravos e 26 negros livres.[26] Greensboro se orgulha de uma história de educação progressista. Faculdades da cidade incluem o Guilford College, fundado por quacres abolicionistas como a primeira instituição coeducacional no estado; o Bennett College, uma faculdade exclusivamente para mulheres e em que predominam alunas negras; o Greensboro College, chancelado pela Igreja Metodista como uma faculdade (privada) só para mulheres; a University of North Carolina A&T, uma escola historicamente negra financiada pelo Estado; e a University of North Carolina – Greensboro, que foi fundada como um campus apenas para mulheres. Greensboro também ostenta uma pequena, porém proeminente, comunidade judaica.

    A presença de tantas faculdades e universidades com agendas progressistas fez da comunidade um lugar atraente para buscadores da liberdade. Greensboro possuía tanto negros livres quanto escravizados, o que a tornou uma importante estação na rede Underground Railroad*. A Underground Railroad ajudou escravos de origem africana no sul a fugirem para o norte dos Estados Unidos, onde a escravidão não era legalizada. Mesmo durante os movimentos pelos direitos civis nos anos 1950 e 1960, a cidade era um local onde aconteciam importantes contribuições em prol da liberdade e da igualdade. Foram estudantes da University of North Carolina A&T, do Bennett College e do Guilford College, ao lado de negros de classe média e classe média baixa, que coordenaram os primeiros movimentos de

---

* Uma tradução literal de Underground Railroad poderia ser Rede Ferroviária Clandestina. Contudo, tratava-se de uma rede composta por pessoas e organizações a favor da abolição da escravatura, que não se baseava em ferrovias, mas em caminhos alternativos independentes da malha ferroviária, que serviam como rota de fuga para escravos e escravas que buscavam a liberdade. [N. do T.]

ocupação das lojas Woolworth, no centro da cidade, no esforço pela integração racial de lanchonetes e de outras dependências de uso público. Com sucesso, Greensboro introduziu uma forma de desobediência civil que foi estudada e amplamente adotada em todo o país.

Em oposição a todo um histórico de atividades progressistas há, também, uma forte e organizada presença de conservadorismo político. Em certos momentos, isso incluiu movimentos secessionistas, a presença do movimento de supremacia branca Ku Klux Klan (KKK), e inúmeros esforços de resistência à sindicalização pelo fechamento de várias indústrias.

Além dos acontecimentos de novembro de 1979, descritos abaixo, houve outros eventos recentes que levaram ao aumento da tensão na cidade, criando divisões em Greensboro. Houve acusações de abusos por forças policiais tanto de dentro quanto de fora da cidade. Mesmo sendo descrita como uma das cidades sulistas mais acolhedora para imigrantes, algumas ações municipais (e algumas posturas intencionalmente negligentes) deixaram muitas pessoas com medo e marginalizadas nas comunidades de imigrantes.

> Histórias traumatogênicas influenciam ações atuais.

Tudo isso é parte da história de fundo de Greensboro. Essa história de fundo continua a narrar a divisão no modo como a comunidade se relaciona com os eventos de novembro de 1979, os julgamentos judiciais subsequentes e a Comissão de Verdade e Reconciliação de Greensboro.

Em novembro de 1979, dois grupos, aparentemente adotando visões drasticamente diferentes sobre o "melhor futuro" para Greensboro, estavam ambos, no mesmo dia e ao mesmo horário, realizando passeatas dentro e ao redor do centro de Greensboro. Um grupo era composto por membros da KKK, o outro formado majoritariamente por pessoas da NAACP – National Association for the Advancement of Colored People [Associação Nacional para a Melhoria da Situação das Pessoas de Cor] e do CWP – Communist Workers' Party [Partido Comunista dos Trabalhadores] que apoiavam trabalhadores têxteis negros. As manifestações se cruzaram, resultando num confronto violento no qual muitos manifestantes ligados ao NAACP/CWP ficaram feridos ou morreram, enquanto nenhum manifestante vinculado à KKK teve sequer um arranhão. Muitos membros da KKK, filmados participando da passeata e agindo com violência, foram processados criminalmente. Porém, nenhum foi condenado por qualquer crime. Os desfechos de tais processos criminais reforçaram a ideia de que há uma diferença substancial nas experiências vividas pelos vários segmentos da comunidade de Greensboro.

Em resposta ao confronto, às mortes e à incapacidade de condenar os culpados, muitos grupos de ativistas, comunidades religiosas e organizações da sociedade civil articularam a Greensboro North Carolina Truth and Reconciliation Commission – GTRC [Comissão de Verdade e Reconciliação de Greensboro, Carolina do Norte]. A GTRC implementou um processo para lidar com a violência racial de modo a promover uma sensação cada vez maior de unidade para todos os habitantes da cidade.

> **Um excerto da página da GTRC na web**
> **www.greensborotrc.org**
>
> O mandato da Comissão de Verdade e Reconciliação de Greensboro (GTRC) considera que "chega um momento na vida de toda comunidade em que ela precisa, humilde e seriamente, olhar para o seu passado com o intuito de prover o melhor suporte possível para seguir em direção a um futuro fundado na cura e na esperança". A tarefa [do GTRC] era a de examinar os "contextos, causas, desdobramentos e consequências", e fazer recomendações para a cura da comunidade na esteira da tragédia em Greensboro, NC, em 03 de novembro de 1979, que resultou na morte de cinco manifestantes anti- -KKK: Cesar Vicente Cauce, 25; Michael Ronald Nathan (médico), 32; William Evan Sampson, 31; Sandra Neely Smith, 28; e James Michael Waller (médico), 36.

A GTRC fez importantes contribuições em direção a uma comunidade mais justa e equânime; mesmo assim, cinco anos após a entrega do relatório oficial, fraturas na comunidade ainda podiam ser percebidas. Para progredir com os objetivos da GTRC, membros da comunidade conduziram um período de 18 meses de escuta para acessar as necessidades, aspirações e valores da comunidade. Durante o processo de escuta, uma das observações-chave foi de que muitos indivíduos e grupos tinham interesse em progredir, alguns já trabalhando nesse sentido. Os padrões de relacionamento tradicionais e algumas das características estruturais da comunidade (*i.e.*, transporte, sensação de segurança, localização de espaços de encontro disponíveis, e assim por diante) levaram à formação de grupos de trabalho separados. A divisão dos esforços também gerou uma diferenciação no acesso às informações. Consequentemente, os grupos trouxeram análises diferentes do problema e, no final das contas, estratégias conflitantes de resolução.

Mas havia entre muitos dos grupos separados um desejo expresso, ou pelo menos a disposição de realizar conexões com outros grupos e indivíduos com tendências similares. A CCT foi apresentada e aceita como um modelo de participação que poderia sustentar um encontro inicial.

CCT em Greensboro, NC

A CCT em Greensboro seguiu os passos delineados neste livro:

a. **Reunião com a mistura certa de pessoas.**

Foram identificadas cerca de 35 a 40 pessoas atuando em diferentes setores – sociedade civil, educação, religião, advocacia, governo local, de negócios, filantropia – que eram membros da comunidade mas geralmente não trabalhavam juntas.

b. **Ensaio de diálogo e análise de um terceiro objeto.**

Foi criada uma oportunidade para todos os participantes verem juntos uma peça de teatro. A intenção da peça era trazer à tona questões que, de alguma forma, representavam as preocupações prementes na comunidade. Neste caso, a peça foi *Trouble in Mind* [Problema em mente], de Alice Childress, produzida no Triad Stage, uma companhia de teatro local. A seguir, a transcrição de uma poderosa troca de ideias entre alguns dos participantes:

Participante masculino nº 7: *Para mim, foi uma peça sobre um mal-entendido e, portanto, um uso inadequado do poder que leva os indivíduos a serem inautênticos em relação ao modo como vivemos e, por isso, realmente complicam-se todas as outras conexões relacionais que, juntos, temos como seres humanos. Daí, a conclusão que eu tirei foi, para mim, algo mais profético: quem disse que se a gente conseguir fazer o certo e, de verdade, chegar a algum tipo de unidade, haverá a benção de mandamento divino relacionada ao esforço de fazer as coisas corretas? E foi daí que veio uma sensação genuína de esperança que eu trago comigo, pois quando saí [do teatro], eu me sentia frustrado e com raiva porque eu me via numa vida na qual ainda, em algumas situações, tinha que ser falso mesmo detestando isso; mas eu tinha que admitir que numa parte da minha vida ainda estava sendo falso. Mas a parte profética, o que mais me deu esperança nisso tudo, é que se você insiste no esforço para seguir adiante para realmente achar, de alguma forma, o tipo de unidade que pode existir, essa oportunidade para encontrar conexão ou a benção de um mandamento existe não só para mim porque sou negro ou porque você é branco, mas porque somos humanos.*

> Uma CCT pode ser utilizada para fomentar cura depois de incidentes de violência racial.

Participante masculino nº 8: *O que eu tiro disso é que as pessoas de cor, em particular, são forçadas a se contorcer para sobreviver com o racismo de maneira não natural e, mais genericamente, que as pessoas são... que há um tipo de senso universal de acordo com o qual as pessoas têm* de se contorcer para lidar e sobreviver com o poder desenfreado, e a pergunta que foi levantada para mim é: até que ponto a gente... qual é o nosso ponto de ruptura? Quando, para manter a nossa integridade, diremos "basta"? E até que ponto a gente pode sofrer pressão antes de pararmos e darmos um "basta"?

Participante feminina nº 9: *Eu também acho; para mim se tratou de coragem e de falta de coragem, diferentes níveis de coragem – a coragem de ser quem você é, de escutar outra pessoa, de sentir empatia. E, para mim, a conclusão foi a futilidade, e às vezes não saber quem está nos bastidores, porque no final das contas a pessoa que torna as coisas difíceis para todo mundo não é, na verdade, a pessoa que está no controle; há alguma coisa nos bastidores e, às vezes, quando você está lutando por alguma causa, você não se lembra por quem e, talvez, por que está lutando. Você não sabe de quem [ou] de onde o "não" realmente vem. E mesmo que tenha a coragem de se expressar, você não está sempre se comunicando com a pessoa que tem o maior poder de decisão ou a solução.*

Toda a troca foi incrível porque os participantes **externalizaram a conversa**, descrevendo problemáticas com as quais eles, de maneira pessoal, tinham dificuldade, ao mesmo tempo em que as conectavam com as temáticas presentes na peça teatral. Os participantes identificaram inúmeras problemáticas na primeira conversa – uma narrativa dominante, desinformação, pressões econômicas, e o uso e abuso do poder – que apareceriam novamente no **mapeamento das narrativas comunitárias**.

c. **Mapeamento das narrativas comunitárias.**
Após o entendimento da abordagem de poder da narrativa, os participantes conduziram uma análise comparando a narrativa dominante com narrativas alternativas na sua comunidade. A seguir, um sumário parcial das narrativas que foram desenvolvidas por participantes da comunidade:

Facilitador: *Há uma história de Greensboro que trata de desconfiança, medo, e de como civilidade e uma cultura de boas maneiras, falsidade e o impulso por resultados econômicos acarretam desempoderamento, apatia, isolamento. E mais, pessoas que confrontam mentiras que sustentam uma imagem acabam sendo punidas. Essas pessoas se cansam. Elas são invisíveis. Elas são silenciadas. Falta um bom vocabulário. Há apatia, segregação e a indisponibilidade em se mostrar vulnerável. A comunicação é insuficiente, e as pessoas... até as consideradas liberais... operam em bolhas. Essa é uma história sobre Greensboro que está disponível. Nós a recontamos a todo o tempo e vocês se submetem a ela e a vivenciam todos os dias, desde quando acorda para sair de casa.*
Há também uma história em Greensboro na qual as pessoas dedicam seu tempo; perseveram; criam um espaço para a graça, o perdão e a vulnerabilidade. Há uma liderança que abre caminho para a criação de espaços seguros, nos quais a confiança pode ser construída com interações que vão além das fronteiras estabelecidas. Há um jeito de as pessoas não operarem de acordo com as suas histórias; através desse jeito as pessoas criaram oportunidades para o compartilhamento de esforços e responsabilidade, construindo pontes entre comunidades, questionando barreiras

econômicas junto com pessoas de muitas comunidades diferentes que se importam mais com amizade do que com a política. Há muitas pessoas que não esqueceram a ética do amor, e elas conseguiram consolidar alianças por todo um amplo espectro social para a realização do bem comum. Essa história também existe em Greensboro.
Vocês têm alguma narrativa de preferência? [Risos do grupo.]

d. **Determinação da narrativa preferida dos participantes.**
Foi essencial abrir espaço para escolha. Reconhecer a presença de múltiplas narrativas para, então, declarar a narrativa preferida na qual viver – esses foram os primeiros atos de protagonismo em apoio à transformação. Isso não foi feito com pressa. Era necessário dar aos participantes da CCT de Greensboro uma oportunidade de assimilarem o processo integralmente, e começarem a incorporar o impacto de se realizar uma escolha. Ao fazer uma escolha para sustentar uma narrativa diferente, seria preciso abrir mão de atividades habituais.

e. **Construção de uma estratégia de transformação.**
Durante o mapeamento reverso de desfechos únicos, perguntou-se aos participantes: "Quais são as qualidades e condições presentes (ou ausentes) que tornam possíveis os desfechos únicos?" Um plano de ação, uma estratégia de transformação foi criada.

Em Greensboro, algumas das primeiras problemáticas enfrentadas foram a sensação de total inclusão (separação) e de segurança para todos os habitantes (medo real e imaginado). A partir do processo de CCT de Greensboro, foi formado o projeto Counter Stories. O primeiro esforço do grupo foi no sentido de responder à presença do medo, marginalização, exclusão e respectivos resultados e sintomas. Foi o primeiro projeto envolvendo membros da comunidade, polícia e parceiros do governo local numa discussão sobre o assunto que abrangeu toda a cidade:

> "Como podemos – como comunidade, polícia e governo local – trabalhar juntos para construir uma Greensboro na qual todo habitante e visitante se sinta incluído, protegido e respeitado?"

A estratégia transformativa do grupo continua, guiada por três princípios da CCT:

1. Temos uma narrativa preferida;
2. Viver nessa narrativa é uma escolha diária;
3. As pessoas não são o problema, o problema é o problema!

COMUNIDADE EM BUSCA DE TRANSFORMAÇÃO: NEWTOWN, GAINESVILLE, GEÓRGIA

Em abril de 1936 um tornado destruiu muitas áreas na cidade de Gainesville, no estado da Geórgia. Uma narrativa histórica sobre a resposta da cidade/condado ao desastre é a de que a liderança política se aproveitou da oportunidade para realocar afro-americanos, levando-os para longe das regiões centrais da cidade. A partir de 1937, a cidade desenvolveu um novo bairro, Newtown, para a população de afro-americanos. Muitas das novas casas em Newtown foram construídas em cima do local destinado ao despejo dos destroços da tempestade. No final dos anos 1940 e início dos 1950, como resultado de regulamentos de zoneamento implementados de modo proposital, ou na falta deles, muitas indústrias altamente poluidoras se instalaram bem próximas à comunidade de Newtown. Ao longo das muitas décadas que se seguiram, um alto número de mortes por câncer, doenças autoimunes e relacionadas ao sistema imunológico despertou a preocupação de um grupo de habitantes de Newtown, que formaram uma associação chamada Newtown Florist Club. O clube recebeu esse nome por conta do grande número de flores que vinham sendo compradas para os muitos funerais e visitas hospitalares, e que os membros associavam ao aumento na poluição industrial.

Mesmo que houvessem outras comunidades com predominância de afro-americanos nas cercanias do polo industrial, tais comunidades se mostravam historicamente inertes no tocante ao ativismo ambiental.[27] Alguns líderes em Newtown suspeitavam que os esforços diários dedicados à manutenção de seus empregos, ou contra o desemprego de membros de suas famílias, levaram a uma postura menos ativa nessas outras comunidades. Gainesville também tinha muitas indústrias de celulose, e abatedouros e frigoríficos de aves, que atraíam grande número de imigrantes latinos como mão de obra da comunidade. As comunidades com vasta maioria de latinos também eram impactadas com altas concentrações de poluentes industriais; mesmo assim, tais comunidades pareciam se ausentar dos encontros promovidos pelos grupos de ativismo ambiental.

> A CCT pode ser usada para fomentar a cura depois da segregação racial.

Por conta de Newtown ser uma pequena parte da cidade de Gainesville, ocupando apenas dez quarteirões, e composta por muitas dezenas de cidadãos idosos, pobres e de famílias proletárias, essas pessoas não possuíam a influência política necessária para promover mudanças. Contudo, em razão de uma militância constante, o grupo conseguiu atrair alguma atenção, inclusive da mídia.

O Newtown Florist Club conseguiu organizar uma visita do administrador da IV Região da Environmental Protection Agency – EPA [Agência de Proteção Ambiental] à comunidade. A visita recebeu muita atenção, atraindo pessoas de Newtown, outras comunidades afetadas, outras pessoas com diferentes preocupações ambientais, e empresas preocupadas com os potenciais impactos de um maior envolvimento da EPA. A administradora regional, Gwen Keyes Fleming, se aproveitou desse encontro para dar início a uma reunião de seguimento. O encontro seguinte tomou a forma de um workshop educativo, no qual representantes de vários setores da comunidade – militantes, empresas nacionais e locais, grupos da sociedade civil, comunidades religiosas e governo local – aprenderam sobre padrões ambientais da EPA e métodos para formalizar denúncias às autoridades competentes, ou para obter a assistência da EPA em resposta a violações. No final do workshop, representantes da EPA informaram aos representantes da comunidade ali reunidos que não havia violações ambientais, em termos de ar e água limpos, e que a EPA não tinha poder regulatório sobre ruídos, ou alguns dos interesses comerciais que mais preocupavam, como aterros, centros de reciclagem e estações ferroviárias de transferência.

O desfecho não foi satisfatório para muitos residentes. Eles perceberam que, mesmo se forças externas se mostrassem incapazes de impor certos comportamentos, as empresas continuariam a incomodar umas às outras, a não ser que eles estabelecessem uma análise compartilhada do problema e um plano de ação compartilhado para seguir em frente. A comunidade se comprometeu com uma Conferência Comunitária Transformativa. Esperava-se que o processo da CCT servisse como mecanismo para que eles construíssem uma visão compartilhada do futuro.[28]

CCT em Gainesville, GA.

Aconteceu um breve processo de CCT – ao passo que o processo de Greensboro levou um período de três meses, o de Gainesville durou um dia. Durante essa CCT de um dia houve a oportunidade de se assistir a um vídeo-terceiro-objeto: um vídeo de trinta minutos que descrevia um esforço colaborativo em torno de uma questão ambiental, ocorrido em outro estado dos Estados Unidos. As questões ambientais do vídeo eram substancialmente similares, e também distintas o suficiente para servirem como um terceiro objeto. Eram similares pois estava claro que a poluição era causada por ações de várias operações industriais. A distinção importante, contudo, era que as indústrias no filme tinham sido intimadas por órgãos reguladores e admitiram algum nível de responsabilidade. Na realidade, as atividades das indústrias já haviam terminado. Naquele exemplo, os interesses das empresas, do governo local, do governo federal e da comunidade local estavam alinhados. Em Newtown a indústria local havia empreendido esforços para melhorar e não mais violar os padrões federais da EPA, embora a comunidade ainda estivesse experimentando o impacto negativo de suas operações. Os interesses dos negócios, do governo local e da comunidade não estavam alinhados. Além disso, o governo local protegia muito a indústria.

Os participantes do workshop, que funcionou no estilo de uma CCT, eram ativistas de Newtown, representantes das empresas, lideranças de outras comunidades de latinos e afro-americanos, e residentes de Gainesville que tinham interesse em expandir parques, trilhas e áreas verdes ao longo de Newtown e outras comunidades próximas. Os representantes puderam conduzir de modo eficaz o **mapeamento** e o **mapeamento reverso** do contexto apresentado no vídeo. Também puderam nomear de maneira abrangente as problemáticas essenciais da sua própria comunidade. Contudo, em razão de as comunidades estarem isoladas e segregadas umas das outras, não havia a sensação de apreciação compartilhada em torno das descrições problemáticas vindas de outras comunidades. A quantidade limitada de tempo não permitiu que o compartilhamento de histórias aprofundasse a sensação de pertencimento a uma comunidade, nem propiciou a expansão da participação. Não obstante as limitações, eles conseguiram nomear uma narrativa comunitária alternativa de maneira efetiva. Desfechos únicos foram identificados, mas inicialmente criaram conflito. Os desfechos únicos nomeados por um setor da comunidade criaram ressentimentos em outras comunidades. Por exemplo, ao passo em que uma comunidade sugerira a limpeza de terrenos e o desenvolvimento de áreas verdes, tendo conseguido seu intento, outra pôde apenas expressar frustração por já ter pedido o mesmo e não ter recebido tratamento similar.

> Uma CCT pode ser usada para fomentar cura após degradação ambiental.

Ao voltar o foco para a afirmação "pessoas não são o problema, o problema é o problema", os participantes se reuniram em torno do comprometimento de obter respostas iguais do governo para todos os segmentos da comunidade. Certas questões que previamente foram apenas descritas como "problemas de responsabilidade da comunidade local" passaram, a partir de então, a se conectar com questões que impactavam um segmento mais amplo da comunidade.

Por exemplo, as trilhas e áreas verdes que poderiam algum dia passar por Newtown, ou próximo ao bairro, se tornaram uma preocupação para um espectro mais amplo de residentes de Gainesville. Membros da comunidade focados na implantação de trilhas conseguiam, agora, perceber o impacto da atividade industrial em Newtown como conectado ao seu desejo por trilhas. O plano comunitário correspondente não foi apenas um plano de "justiça ambiental". Ele se tornou uma narrativa preferida. Prontidão para a proteção ambiental se integrou com desenvolvimento econômico e projetos de embelezamento local. A nova narrativa alternativa acabou gerando adesão da comunidade educacional e de pessoas que apoiavam o esporte e a recreação para os jovens, pois perceberam que ela também fortaleceria suas causas.

A Conferência Comunitária Transformativa em Gainesville definiu uma narrativa preferida, estabelecendo um futuro compartilhado para muitos interesses até então não alinhados, o que propiciou uma estratégia transformativa colaborativa em benefício de todas as partes.

ALGUMAS ADAPTAÇÕES DOS MÉTODOS DE CCT PARA TRABALHAR COM ORGANIZAÇÕES

Conferências Comunitárias Transformativas para organizações possuem um ponto de partida diferente de conferências destinadas a comunidades. A maioria das organizações – em especial aquelas sem fins lucrativos, as da sociedade civil, e beneficentes – possui uma narrativa preferida incutida em seus valores organizacionais. Valores são refletidos, geralmente, em declarações de visão e de missão. Muitas vezes a Conferência Comunitária Transformativa torna-se algo desejável em uma organização pelo fato de as práticas operacionais internas (e às vezes externas) não se alinharem com as expectativas de funcionários e clientes sobre como os valores organizacionais deveriam ser cumpridos. Às vezes os valores se enraizaram em uma maneira histórica de operação e se tornaram invisíveis, havendo necessidade de serem revelados. Ou a maneira de se buscar um valor se tornou ultrapassada e precisa ser atualizada para refletir os novos funcionários e clientes.

Nesses casos, processos de conferência transformativa podem ser usados para alcançar **alinhamento narrativo**.

> Alinhamento narrativo ocorre quando os padrões de relacionamento, as alocações de recurso e as estruturas organizacionais refletem os valores centrais das organizações.

Em algumas raras ocasiões, os valores precisam ser reelaborados ou completamente descartados para refletir os compromissos atuais da organização. Com mais frequência, o que se requer é um realinhamento. Como resultado, os processos com organizações têm muitos dos mesmos elementos de outros processos de CCT, com algumas adaptações necessárias:

a. **Terceiro objeto/treinamento de mapeamento**.
   Uma abordagem valiosa que serve como terceiro objeto em uma organização pode ser um filme, vídeo ou documentário, de preferência algo inspirador que relembre aos membros da organização **por que** eles se dedicam ao trabalho que fazem.

b. **Mapeamento da problemática.**
Para uma organização é importante ressaltar seus valores centrais como primeiro passo do mapeamento. O processo da conferência não deve se dedicar à recriação da organização, mas a uma reorientação das operações em harmonia com os compromissos acordados e fundados nos valores. Se os valores organizacionais são claros e evidentes, a nomeação da problemática se apresenta no âmbito da incapacidade de realizar tais valores adequadamente. A seguir, um exemplo.

Facilitador: *Partimos da premissa de que as pessoas não são o problema, o problema é o problema. Considerando os valores da sua empresa* [i.e., total inclusão, respeito à diversidade, criatividade, liderança focada em talentos e visão de futuro], *como você descreveria as problemáticas que vocês estão experimentando?*

A ideia é manter um foco analítico dentro dos limites da estrutura organizacional atual. Contudo, o facilitador deve ter consciência de que, se os problemas forem significativos, os participantes podem pressionar as estruturas vigentes e solicitar reconsiderações estruturais mais profundas. De qualquer maneira, o processo de conferência padrão seguirá com o mapeamento e o mapeamento reverso.

c. **A importância de criar tempo para o compartilhamento de histórias.**
As organizações apresentam inter-relações ainda mais próximas e são mais impactadas pelas histórias contadas do que as comunidades. Pelo fato de a organização ser tipicamente composta por menos pessoas, vozes individuais e pequenos números podem ter impactos

desproporcionais. Cada história individual tem a capacidade de tocar uma porção mais ampla de pessoas do que numa comunidade inteira. Além disso, as histórias reverberam no sentido de que elas são repetidas muitas vezes no pequeno espaço da organização. Isso não estimula as vozes individuais discordantes a nortearem a organização. Contudo, há um valor significativo em se criar espaços nos quais histórias podem ser contadas, e onde quem conta recebe algum tipo de reconhecimento. É especialmente importante para o facilitador nomear significados ausentes porém implícitos para que possam ser explorados e, então, uma única história dominante possa situar-se num contexto com outras histórias.

CONCLUSÃO

Violência racial, segregação racial e degradação ambiental são todas questões importantes com impactos profundos. A Conferência Comunitária Transformativa oferece uma abordagem prática e esperançosa de diálogo, construindo estratégias transformativas para mudanças significativas. As comunidades em Greensboro e Gainesville, atualmente operando a partir de narrativas preferidas, são exemplos de que uma mudança real é possível.

Então, e agora? Como iniciar uma CCT? Vamos nos dedicar a essas questões no próximo e último capítulo.

E AGORA? – CONCLUSÃO

Conferência Comunitária Transformativa é um novo modelo de engajamento e diálogo comunitário que:

1. Torna mais visíveis as problemáticas e narrativas dominantes em comunidades e organizações.
2. Conduz uma análise das relações de poder que sustentam e reproduzem narrativas dominantes.

Assim, as CCTs expõem estruturas da vida comunitária e organizacional que resultam em experiências de marginalização, opressão e/ou exclusão.

3. Identifica muitos exemplos de desfechos únicos, ações e outros indicadores que apontam para narrativas alternativas e preferidas.
4. Oferece aos participantes a oportunidade de narrar colaborativamente e descrever de modo coletivo sua preferência dentre narrativas que competem entre si.
5. Proporciona uma fundação a partir da qual se constrói um plano de ação transformativa que apoia a reestruturação dos relacionamentos, a realocação de recursos e a reelaboração de sistemas e estruturas de modo a alinhá-los com narrativas preferidas.

Portanto, as CCTs criam comunidades e organizações integradas, equânimes e/ou inclusivas.

As CCTs são implementadas com base na compreensão de que todas as pessoas vivem dentro de narrativas. As narrativas têm poder, e influenciam pensamentos, sentimentos e comportamentos. As maneiras de se relacionar com outras pessoas são resultado do modo como cada indivíduo está posicionado em dada narrativa. Da mesma forma, as estruturas que existem em uma comunidade ou organização fazem sentido de acordo com as narrativas dominantes. Onde quer que disparidades e desigualdades persistam, os sistemas – consciente e inconscientemente – servem para sustentar e reproduzir narrativas dominantes.

> **Teoria da Narrativa**
> A Conferência Comunitária Transformativa é baseada na teoria da narrativa, porém é suficientemente simples de se implementar. Coordenador, facilitador e participantes não precisam entender de teoria da narrativa para que o processo seja implementado com sucesso.

As CCTs são também práticas recheadas de esperança. O ato que dá início à prática da CCT não busca culpar nem demonizar nenhuma pessoa ou grupo. A afirmação fundamental – as pessoas não são o problema, o problema é o problema – cria um espaço acolhedor e convidativo para todos os membros de uma comunidade ou organização, sejam eles beneficiados, prejudicados, completamente não afetados, ou até desconhecedores das limitações criadas pelas narrativas dominantes. Opressão, marginalização, violência, disparidade e exclusão não são características inexoráveis de uma comunidade. A falta de engajamento, a impossibilidade de ter a própria voz ouvida e o desespero, associados com prioridades desalinhadas, não são características inevitáveis da vida organizacional. **O caráter esperançoso da CCT afirma que, quando as pessoas têm a oportunidade de examinar as narrativas que guiam e organizam o seu dia a dia, elas optarão por transformar suas vidas pela transformação ativa das narrativas nas quais vivem.**

A natureza rítmica e espiralada da implementação da CCT oferece aos participantes a oportunidade de se olharem em espelhos metafóricos da sua própria experiência, e olhar através de janelas metafóricas para compreender e desenvolver respeito pelas experiências de outras pessoas. A externalização das problemáticas que modelam suas vidas e o mapeamento dos impactos em múltiplos níveis permitem uma análise colaborativa não julgadora, porém profundamente engajada. A identificação de desfechos únicos provê a base para a declaração coletiva de uma narrativa e direção preferidas.

As CCTs possuem similaridades e importantes diferenças em relação a outros processos de resolução de conflito, solução de problemas, busca por justiça e reconciliação. A aplicação de uma CCT não tem a pretensão de substituir outros processos. Na verdade, a CCT pode ser o primeiro processo de análise e de planejamento a permitir que uma comunidade ou organização entenda como, quando e por que aplicar outras abordagens.

Transformação é um objetivo de longo prazo. Quando uma narrativa dominante produziu e reproduziu uma história de divisão e fragmentação, a reconciliação se torna o objetivo dos esforços de transformação.

> **Reconciliação**
>
> Reconciliação é um conjunto complexo e entrelaçado de processos que têm o objetivo compartilhado de produzir e afirmar as identidades relacionalmente construídas, autênticas, dignas, interconectadas e legitimadas, enfatizando de modo performativo as comunidades e organizações coiguais.

As CCTs produzem uma análise fundacional que permite aos membros da comunidade ou organização determinar quais relacionamentos, recursos e estruturas precisam ser fortalecidos, transformados ou eliminados para sustentar as narrativas preferidas e as identidades radicalmente coiguais.

Como um novo modelo de engajamento, possivelmente haverá inúmeras variações e formas de aplicação do processo. **É aí que você entra...**

Notas

1. White, M. e Epston, D. (1990). *Narrative Means to Therapeutic Ends.* New York: WW Norton.

2. Winslade, J. e Monk, G. (2001). *Narrative Mediation: A New Approach to Conflict Resolution.* San Francisco, CA: Jossey-Bass.

3. *Ibid.*

4. White, M. e Epston, D., *op. cit.*

5. Austin, J. L. (1962). *How to Do Things with Words* (2ª. ed.). (J. O. Urmson, & M. Sbisa', Eds.) Cambridge, MA: Harvard University Press. [*Quando dizer é fazer: Palavras em ação.* Porto Alegre: Artes Médicas, 1990.]

6. Lederach, J. P. e Lederach, A. J. (2010). *When Blood and Bones Cry Out.* New York: Oxford University.

7. Zehr, H. (2002). *The Little Book of Restorative Justice.* Intercourse, PA: Good Books Publications, p 19. [*Justiça restaurativa.* São Paulo: Palas Athena Editora, 2012, p. 31; edição ampliada e revisada em 2017, p. 35.]

8. Mamdani, M. (2012). *Define and Rule: Native as Political Identity.* Cambridge, MA: Harvard University Press.

9. Foucault, M. (1994). *Power.* (J. D. Faubion, Ed., & R. Hurley, Trans.) New York: The New Press.

10. Lederach, J. P. e Lederach, A. J., *op. cit.*

11. Rock, D. (2009). *Your Brain at Work: Strategies for Overcoming Distraction, Regaining Focus, and Working Smarter All Day Long.* New York: HarperCollins.

12. Cobb, S. (2013). *Speaking of Violence: The Politics and Poetics of Narrative in Conflict Resolution*. New York: Oxford University Press.

13. Nelson, H. L. (2001). *Damaged Identities Narrative Repair*. Ithaca, NY: Cornell University Press.

14. Monk, G. e Winslade, J. (2013). *When Stories Clash: Addressing Conflict with Narrative Mediation*. Taos, NM: Taos Institute Publications

15. Denborough, D. (2008). *Collective Narrative Practice: Responding to individuals, groups, and communities who have experienced trauma*. Adelaide, South Australia: Dulwich Center Publications. [*Práticas Narrativas Coletivas: Trabalhando com indivíduos, grupos e comunidades que vivenciaram traumas*. Copyrighted Material, 2017.]

16. Palmer, P. (2004). *A Hidden Wholeness: The Journey Toward an Undivided Life*. San Francisco, CA: Jossey-Bass.

17. Freire, P. (1970). *Pedagogia do oprimido*. Rio de Janeiro: Paz e Terra, 2012.

18. Cobb, S., *op. cit.*

19. VeneKlasen, L. (2002). *A New Weave of Power, People, and Politics*. (D. Budlender, & C. Clark, Eds.) Warwickshire, UK: Practical Action Publishing.

20. Foucault, M. (1980). *Power/Knowledge*. New York: Pantheon Books.

21. Monk, G., Winslade, J., Crocket, K. e Epston, D. (Eds.). (1997). *Narrative Therapy in Practice: The Archeology of Hope*. San Francisco, CA: Jossey-Bass. p. 108.

22. Denborough, D. (2010). "Narrative practice as conflict dissolution/social-historical healing" *In* D. Denborough, *Socio/Historical Conflict Dissolution*. Adelaide: Dulwich Centre; McCarthy, J. (2004). *Enacting Participatory Development: Theatre-Based Technices*. London, UK: Earthscan.; Monk, G. e Winslade, J. (2013). *When Stories Clash*. Taos, New Mexico: Taos Institute Publications; Winslade, J. e Monk, G. (2001). *Narrative Mediation: A New Approach to Conflict Resolution*. San Francisco, CA: Jossey-Bass.

23. Cobb, S. (2013). *Speaking of Violence: The Politics and Poetics of Narrative in Conflict Resolution (Explorations in Narrative Psychology)*. New York: Oxford.

24. White, M. (2007). *Maps of Narrative Practice*. New York: WW Norton & Co.

25. http://www.familycentre.org.nz/Publications/PDF's/Freedman_Absent_but_Implicit.pdf. Evanston Family Therapy Center Website Accessed April 5, 2016.

26. https://library.greensboro-nc.gov/research/north-carolina-collection/bicentennial-minutes/bicentennial-minutes-april-june.

27. Johnson Gaither, C. (2014). "Smokestacks, Parkland, and Community Composition: Examining Environmental Burdens and Benefits in Hall County, Georgia, USA." *Environment and Behavior*. vol. 47, n° 10, p. 1127-1146.

28. Mueller, S. (2012, Dec 28). gainesvilletimes.com. Recuperado em Nov 7, 2015, de Hall County Hamlets: http://www.gainesvilletimes.com/flat/hamlets.

SOBRE O AUTOR

David Anderson Hooker é professor associado de Prática de Transformação de Conflito no Kroc Institute for International Peace Studies na Keough School of Global Affairs da University of Notre Dame. Trabalha como mediador, facilitador e agente comunitário desde 1982. Tem auxiliado grupos, organizações, congregações, comunidades e governos locais e nacionais na condução de importantes conversas em torno de assuntos delicados. Foi diretor de pesquisa e treinamento do Coming to the TABLE* – Taking America Beyond the Legacy of Enslavement, e cofundador do Greensboro Counter Stories Project [Projeto do Balcão de Histórias de Greensboro]. As ideias neste pequeno livro também foram fundamentadas no seu trabalho em comunidades pós-conflito na Bósnia, Cuba, Myanmar, Nigéria, Somália, Sudão do Sul, assim como em muitas comunidades no sul dos Estados Unidos.

---

* TABLE é o acrônimo em inglês que significa "Levando a América para além do legado de escravidão". [N. do T.]